創見文化，智慧的銳眼
www.book4u.com.tw　　www.silkbook.com

早知道這樣耍心機

好懂易用的心理技巧

The Mental Tricks That Will Change Your Life.

人際溝通學會資深講師

葉禾茗 / 著

「如果做好心理準備,那麼一切準備皆已完成。」英國文豪莎士比亞(William Shakespeare)如此說。

現代社會的變化日新月異,無論是 3C 產品還是交通運輸工具,每年都是經常性地推陳出新,讓現代人的生活更便捷與輕鬆。然而,「硬體」更新了,「軟體」(人的內心)是否也隨著更新了呢?

特別是在現在通訊設備發展快速的這個年代,人與人之間的關係也顯得更加「速食化」,在這個競爭激烈的環境之下,「人與人之間的交際能力」更儼然地成為了衡量個人能力的重要標準。正因每一個想要安穩立足於世的人都不可避免地需要與各式各樣的人來往,而所謂的「交際」並非只有言語上的交流,多數深諳此道的老江湖都會明白「心理上的對決」才是真正的重頭戲。

在生活中,你得經常揣摩他人的心思,你必須懂得從他人的語氣、神情、肢體動作中判別出對方的真實想法,同時你也必須懂得如何去隱藏自己的真實目的,以迴避他人的破解之招。

正因在日常的人際交往中,每個人都已經習慣戴上假面具去面對他人,如果你不能有效地識別人心、不懂得與人來往的原則、沒有把握好與人來往的分寸,就會容易處於下風位置,使自己經常陷入被動的局面、受制於人,進而導致人際與工作上的危機,稍有不慎,甚至還會走入他人的

陷阱裡，使自己承受了不明的損失。所以，我們必須要能採取更好、更有用的心理策略來「打動」對方，以達到個人目的。而你如何能夠做到「運用心理技巧，來讓自己獲得成功和幸福」呢？相信本書會給你想要的答案。

心理學，說來是一種非常實用的「手段」，也是一門社交的學問，其在現代社會已經不再神秘，因為多數人在生活中都會接觸到一些簡單的心理學，例如能說服他人的說話暗示技巧、舒緩緊張的方法等等。

簡單來說，每個人都是一本書，需要我們去讀懂、讀透它，你才知道如何去掌控它。我們在與人相處時，要能透過持續的練習去觀察對方的言行舉止、生活習慣、興趣愛好等自然反應，才好迅速地判斷其內心的真實想法，重新搶回你的主導權。

就像是，世界上的任何一個鎖都需要與它相符合的鑰匙才能打得開它，「心鎖」也是如此。如果你想要與一個人更進一步的接觸，就得找到鑰匙、拿對鑰匙，才能順利進入對方的內心，讓他從心底接受你，自己還覺得開心。這把鑰匙，指得就是各式各樣不同功能的心理技巧之鑰。

本書收錄各種主題的心理技巧類型，例如「自我感覺篇」、「提高好感篇」、「掌控心理篇」、「達到目的篇」、「破解問題篇」、「情場經營篇」、「釋懷痛苦篇」，旨在讓讀者瞭解更多的心理知識，同時透過書中好讀易懂的範例故事，瞭解各種心理效應的實驗來由以及實際運用的方法。此外，還能透過「小練習」的撰寫，更加熟悉心理技巧的運用方法。本書收錄的心理技巧可以讓你更容易地打開對方的心扉，讓對方主動卸下

對我們的防備，願意與我們來往，甚至心甘情願地答應我們提出的要求。

人類的大腦，其實就是一部運作非常精細的電腦，「基因」讓每個人都有一定的思考方式和行為模式。只要讀者能理解人類「運作自我電腦」的竅門在哪，就一定有辦法使自己在社會與人際關係中的表現突飛猛進。

心理學是較為抽象的科學，人類的心理活動你怎麼也摸不著、看不見，但它實際上卻深刻地影響著人類行為，而且效果非常持久。

閱讀本書，在瞭解心理現象、認識心理暗示、精通心理效應的同時，也使你能觀察自己的心理是如何有誤區的，能找出自己與他人行為背後所想表達的真實意義。記得，這些技巧只在需要的時候使用，你我還是需要真心誠意地對待他人，因為人心是非常敏感的，如果誰是那一種假情假意、只想從他人身上得到好處的「投機客」，很容易一眼就會被看穿。

本書可以作為日常操縱人心的參考手冊，能提供讀者在生活上做有效的運用，以順利達到自身的目的，在為人處事上以最圓滿的方法去協調，期待讀者都能輕鬆自如地迎接每一天的生活。

作者 謹識

Chapter 1

自我感覺篇

Chapter 2

提高好感篇

CONTENTS

Chapter 3　掌控心理篇

Chapter 4　達到目的篇

CONTENTS

Chapter 5　破解問題篇

Chapter 6　情場經營篇

CONTENTS

Chapter 7　釋懷痛苦篇

Chapter

1

自我感覺篇

The Mental Tricks
That Will
Change Your Life

所謂的「物以類聚」，我們總是會認為同一個群體的人會具有某些共同特徵，因此，在評價與自己同一個「團體」的人的時候，我們往往不會根據自己所觀察到的訊息來判別，而是理所當然地將自己的特性投射到別人身上。

01 安慰自我的精神勝利法

「很多人不喜歡真實的答案，因為真實在某種程度上意謂著不愉快或不安，人們想聽讓他們不會憂慮的答案。」

——美國作家　路易斯‧柯能伯格（Louis Kronenberger）

「挫折」，指的是自己的行為沒有達到自我要求的標準，或者是沒有達到預期的效果時所產生的低落心情。自己的內心期望總是希望能達成，然而結果卻總是不如預期，這種「現實」和「期望」的高度落差會導致「自我認知」出現錯誤，進而產生負面情緒，甚至出現自我批判與攻擊的狀態。

為了保護「自我」的存在、維持「內心」的平衡，人們的本能便會去尋找一個宣洩的出口。

因此在日常生活中你可能經常聽到這樣的說法：當人們因遭遇災禍而破財時，會說聲：「花錢消災」；打破了杯子、盤子，會說聲：「碎碎平安」；家裡被賊給闖空門了，會說聲：「財去人安」。

無可否認，這種正面思考的心理防衛機制不失為一種幫助人們接受現實的好方法。特別是當我們認為自己對眼前的困境或壓力已經無能為力、無可轉圜時，就特別容易出現這種掩飾說法。這種合理化行動如果運用得當，可以消除心理緊張、緩和氣氛、減少衝動和攻擊行為的產生。

當然，這並不能夠表示我們就能老是這樣，如果運用過度，反而會妨礙

我們追求真正需要的東西。因此我們應該在挫折之後採取積極做法，嘗試去解決真正的問題所在。

心理實驗

《伊索寓言》裡有一篇廣為人知的「狐狸與葡萄」的故事，內容敘述有一隻狐狸來到了葡萄園，牠從早上開始什麼東西都沒吃，已經餓得頭昏眼花了。牠看著架上一串串鮮美欲滴的葡萄直流口水，決定要好好地吃上一頓。

然而狐狸站直了身子，伸長了爪子，牠使勁地往上跳、往上撥，還是摘不著那些美味的葡萄！

牠不放棄，又試了幾次，甚至退後幾步，一邊吶喊一邊助跑地猛力一跳──還是摸不著！葡萄架太高了，不管狐狸怎麼跳，牠的小爪子就是構不到。

狐狸的力氣漸漸用盡，牠沮喪地坐在地上抬頭看著那些鮮艷欲滴的葡萄，心裡想著：「如果再這樣跳下去，只怕累死，還是抓不到半顆葡萄吃。」

於是狐狸不高興地說：「反正這些葡萄也是酸的，就算摘到也很難吃！」說完，狐狸便「心安理得」地離開這座「酸溜溜」的葡萄園，改去尋找其它的食物了。

原理分析

「酸葡萄心理」指的是當別人得到了自己渴望已久的東西，為了撫平內心的失落，便會不斷地告訴自己其實對方得到的東西並沒有真的那麼好，在心理上表現出一種「合理化作用」。

這種「合理化作用」又稱為「掩飾作用」，是指**當個人遭遇到挫折、無法達到所追求的目標，或者是個人的行為表現不符合社會規範時，便會尋找有利於自己的理由來為自己辯解，將面臨的窘境加以掩飾，以隱瞞自己的真實動機或願望，進而為自己開脫**的一種心理防衛術。

「合理化作用」是人們經常會使用到的一種心理防衛機制，說穿了，只是以一種似是而非的理由來證明自己行動的正確性，以掩飾個人的錯誤或失敗，維持內心的平衡與安寧。

一般來說，每一種現象或事件的發生都可以用許多理由來解釋。而合理化則從我們的心理需要上出發，從各式各樣的理由當中選擇出合乎自己內心需要的說法，在忽略其它正當理由的情況之下，避免了自己產生心理上的痛苦。

就像是寓言中的狐狸一樣，當我們在日常生活中碰到了挫折或心理壓力時，很容易就會採取一種「扭曲現實」的方法來維持自己內心的平衡，而且這些多半是不自覺的反應。

此外，與「酸葡萄心理」類似的是「甜檸檬心理」，此心理指的是反過來告訴自己「雖然沒有得到想要的，但是自己擁有的其實也很不錯。」甜檸檬的由來同樣來自於伊索寓言。

我們可以發現，一樣都是得不到想要的東西，兩種「阿Q」的反應卻不太一樣：「酸葡萄心理」是透過降低對方的價值來維持個人內心的平衡；而「甜檸檬心理」則是藉由提升自我的價值來滿足內心。這兩種心理同樣都能發揮「自我安慰」的效果，能平復因受挫而失落的心情，維護受挫後的自我價值。

然而，「合理化作用」其實有三種表現，一是「酸葡萄心理」，即是將自己得不到的東西說成是不好的；二是「甜檸檬心理」，即是自己只

有檸檬而得不到葡萄時，就說檸檬是甜的；三是「推諉心理」，此種保衛機制是將個人的失敗推諉於其它理由，找人擔待其過錯。

三種表現均是掩蓋錯誤或失敗，都是為了減低痛苦與衝突，選擇性地相信特定解釋，或是刻意強調或忽視某些事實，以尋得讓自己舒服的解釋的做法。

舉例來說，別人開了一輛全球限量的豪華跑車，我沒有，但是我很羨慕，實際上我也不可能得到。此時不妨利用「酸葡萄心理」，找出豪華跑車的缺點，例如保養價格昂貴、時時都得小心不能損傷等等，說那樣東西的「壞話」，以克服自己不合理的需求；或者是利用「甜檸檬心理」，找出自己擁有物品的價值，例如自己家裡的那台轎車不耗油、好看、好駕駛之外，價格其實也非常實惠等等，找出自己擁有物品的優點，以釋懷自己的貪欲之心。

重點在於「酸葡萄心理」是將所追求的目標價值變低，而「甜檸檬心理」則是將現已實現、已擁有的目標價值提高。

有時，這種效應真的能發揮接納自己、安慰自己、面對現實、自得其樂的作用，比起愁眉苦臉、痛不欲生、埋怨他人、與人敵對等負面情緒的擴大，不知要好上多少倍。

然而，我們也應看見「酸葡萄心理」的消極面──能否全面且合理地認識自己便成為問題點，因為「看外面的世界」很容易，「看自己的世界」卻很困難，我們必須積極地去改正自我認知方面所存在的偏差。

🔍 善用「甜檸檬心理」的止痛效果

當一個人達不到所追求的目標時，內心通常是極其痛苦的。而多數人都會想辦法去跳脫這種狀況，否則時間一長，就有可能罹患心理疾病。

而「甜檸檬心理」就有這種止痛效果，能使我們放棄原先追求的目標或期待，將自己的注意力及重心重新調整到自己目前已擁有或者已實現的目標上。

雖然這會使實現個人的預期目標失去了動力，但對維護心理健康來說是有效果的，這種止痛作用能夠使失敗者安全地著陸，免去不少可能產生的情緒後遺症。

🔍 止痛後，正視自己的能力

當人們在追求目標時，經常會忽略了現實上的可行性，只是被腦海中美麗的想像所吸引，或者是只憑著一股熱血在拼命，到最後跌得頭破血流卻仍苦苦追尋的人還是不計其數。這種毅力對於胸懷大志的人是必需的，然而成功者畢竟不是百分之百，結果多數都使人心灰意冷。

如能在面對現實之後正視自己的能力，將自己原先追求的目標加以調整至自己透過不斷地努力就能達到的程度，如此就能淡化原先預期的目標失敗痛苦，使自己不會因過多的期待與達不到預期的目標而苦惱。

🔍 瞭解止痛藥不能從根本解決問題

雖然「酸葡萄心理」可以舒緩我們的壓力，但是在多數情況下，此種作用的消極意義也是極為明顯的，因為此種效果比較像是止痛藥，能夠使人暫時感受不到痛處，但卻不能從根本解決問題，病灶依然存在。

　　例如，有些人明知自己有許多缺點，卻不願意正面去改變，反而對自己的挫折尋找一個看似「合理」的藉口，最後不僅在結果上無助於解決事情，更會逐漸形成扭曲的思考方式和行為模式。

　　此外，這種心理很容易弱化人們的積極度，使我們無法正面且客觀地看待事情，進而逐步失去他人的信任，導致惡性循環的不斷發生。

甜檸檬好過酸葡萄

　　「酸葡萄心理」相對起來是較有貶意的，這是因為人們在降低目標價值時，通常會以「抱怨」、「批評」和「攻擊」的方式來圓融自己的解釋，因此會給人一種缺乏自省和刻意貶低他人的負面觀感。

　　「甜檸檬心理」則因為會重新審視自己擁有的資源為何，同時肯定自我的能力，會使自己更有動力去面對挑戰。

　　但是合理化的結果也顯示出，個體「欺騙」的是自己，而非他人，這些「理由」的目的是在意識上使自我感到舒適。

　　相對於批判性較強烈的「酸葡萄」，肯定自我的「甜檸檬」是較為正面的心態，畢竟，不是每件事情我們都能以實際行動去改變它，因此若能積極調整自己的想法，是很關鍵的心態，需要經常練習。但如果過度貪圖這種舒適，而將自找的理由信以為真，那麼長期下來的現實情況便難有改善。

心機小練習

（改寫句子，以符合本篇主旨）

「鄰居的孩子聰明又聽話，」

（甜檸檬）我家的孩子---------------------------------

「秀美的男友個子高又多金，」

（甜檸檬）我的男友---------------------------------

心機備忘錄

memo

　　千萬不要對著正在吃速食的人說：「這些垃圾食物很不健康。」即使你說的是正確的事，而且是對對方有幫助的資訊，但是，沒有想太多就傳達了會讓對方覺得不舒服的事情時，這種舉動會傷害到對方，使對方對你產生反感。

02 如何快速得到他人信任？

> 「人的軟弱，經常是達到生活中的目的所必需的。」
>
> ——比利時作家 梅特林克（Maurice Polydore Marie Bernard Maeterlinck）

你是否有過算命的經驗？是否曾覺得算命師說得「準」？甚至是「嚇死人的準」呢？以算命這個例子來說，不少人都會認為算命師真是「料事如神」，這是為什麼呢？

我們說，其實那些求助於算命的人本身就有容易受到暗示的性格特色，尤其是當我們情緒沮喪、人生正處於失意的時候，特別會認為自己無法掌控命運，以至於失去了生活上的安全感。

而一個缺乏安全感的人，在心理上的依賴性也會明顯地增強，「受暗示性」也就更大了。

因為算命師多半善於揣摩人們的內心感受，使得來問事的人能獲得精神上的安慰。接著，只要算命師再開始述說一段段無關痛癢的解析，便能使前來問事的人深信不疑。

 心理實驗

一九四八年，美國的心理學家伯特倫‧福瑞爾（Bertram R. Forer）曾對自己的學生進行了一項實驗：

他告訴學生們自己要替他們進行一項人格測驗，在測驗完之後，每個人都可以拿到一份「獨特」且「簡短」的人格描述（事實上，所有學生最後拿到的「個人分析」都是相同的），接著要求他們評估這個描述與自身特質的契合度如何，並進行評分（○分至五分）。

以下是福瑞爾所提供的人格描述，你也可以看看自己符合的特質有哪些，並試著打上○分至五分的分數：

「你希望能受到他人的喜愛、羨慕、尊敬，但是卻經常對自己吹毛求疵。」

「雖然你的人格上有些缺陷，但你認為自己有辦法彌補它。」

「你擁有相當大的潛能未開發，你也尚未就自己的長處去發揮。」

「你看似強硬、嚴格、自律的外在表現，其實掩蓋著極度不安與憂慮的內心。」

「很多時候，你會嚴重地質疑自己是否真的做了對的事情或正確的決定。」

「你喜歡一定程度的變動，但是在受到限制時會感到不滿。」

「你為自己是獨立思考者而自豪，但同時你也不會接受沒有充分證據的言論。」

「你發現對他人過度坦白是極度不明智的。」

「有時候你是外向、親和、十足社交性的；而有時候你卻是內向、謹慎而過度沉默的。」

「你有些抱負是非常不切實際的。」

實驗的最後結果是，學生們的平均分數是四點二六分。

待分數公開之後，福瑞爾才揭曉自己是從星座分析的語句當中集結出這些內容的。

從以上的描述可見，你會發現其實多數的敘述句都適用於每個人，大部分的人都會某種程度的符合這些描述。當我們一句一句地閱讀時，當然會覺得很準確，但其實這些語句跟你沒有絕對的關係，這些敘述句後來便被命名為「巴納姆語句」。

原理分析

「巴納姆語句」所描述的狀態其實適用於任何人，因為句子當中並沒有特別描述出哪種類型的人，因此人們經常會產生一種被說中內心的感覺，這就是所謂的「巴納姆效應」（Barnum effect）。

巴納姆效應的運用重點在於**利用廣泛、模糊不清且沒有指定特別對象的論述來描述特定的人，會使被描述者接受，並相信其敘述的真實性。**

同時，如果描述時滿足了以下三種情況：

（1）被描述者相信這些論述是針對他的情況所分析的。

（2）被描述者相信分析者所具有的身分權威。

（3）分析者所描述的事物多半是正面的分析。

那麼被描述者就會更容易去認同對方分析的準確性。

因此我們可以很好去理解，為什麼在我們的生活中，關於星座命理分析的議題總是受到歡迎，甚至是屹立不搖的，因為人們總是相信這些評論，而且樂此不疲。

反過來說，有些神棍或是招搖撞騙的江湖術士，便是利用此種心理效應來進行「詐騙」。

首先我們要認知到，一般會求助於算命或者神祇的人，多半自身就已陷入了方向未明的情況，呈現出「需要幫助」的狀態。此時如果神棍藉由言語上的力量再強化此人的不安與恐懼感，就可以加深此人對自己的信

賴與依賴。

接著，神棍們再利用「巴納姆效應」的關鍵語句，說出各種似是而非的分析，那麼對方便會在自身的痛苦被瞭解的情況下，開始產生被說中內心的感覺，於是漸漸地加深對神棍的信任，同時也會相信神棍自此之後所說的任何事情，即便是不合常理的說法他們也會深信不疑。

因此，當瞭解了這種心理詭計的運作原理之後，除了個人可以小心注意，避免受騙上當之外，反過來說，你當然也可以有效地利用它。

讓人感覺量身打造的遊戲設定

有在玩遊戲的話，你可能會發現在許多遊戲中的設定裡，都會讓第一人稱的男女主角個性變得模糊、沒有過度強烈的性格印象，並擁有著一般人的價值觀與行動模式，這是多數遊戲製作公司會應用的技巧，這也是使用了「巴納姆效應」的常見例子。

這麼做的理由，除了能避免破壞玩家沉浸在遊戲裡的代入感外，還能讓玩家們感受到被瞭解、被認同、我與主角是類似的人的感受。在遊戲初期時使用，能夠更快速地讓玩家們進入到遊戲中的劇情，使其熱衷於遊戲進行，進而產生消費行為。

快速拉近彼此之間的距離

既然「巴納姆效應」容易說中他人的內心所想，那麼也不失為一個幫助我們開啟話題的方式了，看看以下這個案例：

丹尼爾受朋友之邀，參加了一場公司的聯誼，在吃飯的時候氣氛一

直都很不錯。後來，丹尼爾看到了一位其它公司的女孩子，一個人靜靜地坐在一旁喝飲料，看著其它人在玩笑嬉鬧。

「這個女孩好有氣質！」丹尼爾心裡這樣想著。

為了認識這位氣質女孩，丹尼爾便擺出自認為最帥氣、最自信的姿態，往那個女孩的身邊走去。

「妳好，我是丹尼爾，能請妳喝一杯酒嗎？」丹尼爾真誠地說。

「不好意思，我不喝酒。」女孩乾脆地回絕了丹尼爾的邀請。

「這樣子啊，真是抱歉，」雖然沒有成功請客，不過丹尼爾沒有放棄，他順勢在女孩旁邊的位子坐下。

「妳是不是覺得有點累呢？」

「嗯，還好，可能多少有一點吧。」女孩重新坐挺了身子之後說道。

「是喔，感覺妳是不是覺得有點無聊呢？」丹尼爾說。

「這個……也還好……可能只是有點累。」

「抱歉跟妳說這些話，我覺得可能是因為妳看起來人很好的樣子，我才不經意地想跟妳聊天。」

「我看起來人很好嗎？哈哈，不知道是好是壞呢。」女孩這時候才終於正視了一下丹尼爾，可以感覺到她的心情似乎不錯。

「啊，我是真的覺得妳看起來人很好、很溫柔的樣子才說的，妳是不是偶爾會有吃虧的時候呢？」

「嗯，是啊，你怎麼知道呢？」女孩有些驚訝，看著丹尼爾問。

「也沒什麼，只是有這種感覺而已。」丹尼爾這時候看向了旁邊嬉鬧的同事們。

「嗯嗯……」女孩似乎陷入了思考。

「對呀，但是妳給我的感覺很聰明，怎麼會吃虧呢？我覺得有點好奇，是什麼樣的狀況呢？」丹尼爾說完之後，便專注地看著女孩的眼睛。

「也不到你說的這樣子啦，大概就是……」

於是，丹尼爾便成功和這個女孩順利地交談起來。

以上算是一個成功開啟話題的方式，丹尼爾從「覺得無聊」、「人很好」和「偶爾吃虧」這三個點來切入，引起對方的興趣，而這些剛好都是模糊的概念，每個人都可能會「覺得無聊」，會「善意地對待他人」，也都多多少少有過「吃虧」的經驗，而且每個人對這種形容詞的定義更是不太相同，你很容易可以在每個人身上找到符合這些形容詞的特定事件。

而其中，「人很好」是正面的形容詞，對方通常不會否認，若你可以多使用正面的、好的形容詞，就更容易讓對方認同你。

丹尼爾便是以此作為切入點，使女孩產生了「被理解」的感覺，進而對他產生好感，使對話能順利地進行下去。

這裡的關鍵在於，當你利用「模糊」、「普遍」的概念去描述單一個人的時候，便能使他產生被人理解的感覺。

滿足對方的缺乏，就會更相信你

人為什麼要算命？是因為他想瞭解自己，因為每個人最感興趣的人都是自己。人們算命，並不是為了找人聊天，也不是為了打發時間，而是他們想討論有關自己的事、想知道如何解決困擾、想知道自己未來的方向等等。

因為每個人都會有缺乏、想要的東西，例如：金錢、美貌、成就、另一半、夢想等等，這些需求同樣也是人們脆弱的「阿基里斯之腱」，也就是騙子瞄準的目標。

騙子騙人的關鍵在於「贏得信任」，而贏得信任的關鍵就是說中每個人的內心需求。所謂的騙術，就是藉由問問題來誘導對方說出心裡的話，或者是替對方說出隱藏許久的心聲，藉此來抓住對方的心。

記住，那些模稜兩可、不極端、偏正面的形容詞最容易被接受，因為人們都喜歡聽好話。其它使描述更可信的因素，例如來自於權威者，以及相信描述是專為你量身訂做等等，當人們在看這些心測結果時，其實他選擇相信的部分，也是自己的潛意識中對自己的期望。

當一個人被滿足「自我心理」的時候，他就傾向於相信這個人，相信他所說的和所做的任何事，因此，便可藉由此種效應來達成個人的目的（即使是不肖的目的也變得容易達成）。

🔍 如何反制對你運用「巴納姆效應」的人

「巴納姆效應」是一種以廣泛模糊的詞句去描述特定的人，會讓被描述者感受到認同的心理效應，因此在平常生活中，要注意不要輕易被他人的話語所影響，導致損害了自身的權益。

如果在對方對你運用「巴納姆效應」的時候，你採取不配合的態度，就能使他陷入尷尬的氣氛當中。

這種不做出反應也不配合的態度，能成功阻礙對方的招數，讓他感受到壓力。在不知該如何接下去談話的情況下，對方也許會採取轉移話題的方式，也可能會提起讓你感興趣的話題，但是我們要堅持自己原先的想法，別輕易地附和對方的說法。

你可以試著不做反應，不管他說得正確與否，你都得自然地控制好自己的嘴巴與表情，再觀察他的反應。或者是讓對方先亮牌，如果對方非要你回應的話，你就表明態度，告訴對方你的想法，先讓他說出想聽的答案，你再透露出自己的事情或者表達你的意見，這樣是比較保險的。

心機小練習

（改寫句子，以符合本篇主旨）

對象：想要拉近距離的異性朋友。

你是不是 --

對象：希望能增進好感度的客戶。

因為你看起來 ---的樣子

心機備忘錄

　　當你詢問一個問題的時候，對方只回答你一部分答案的話，不用著急，只要你保持靜默，並持續地凝視著他，對方就會繼續說下去。

03 不自覺使出的投射效應

「對抗壓力最強大的武器，是我們選擇想法的能力。」
——美國心理學家　威廉・詹姆斯（William James）

一天，佛印禪師與蘇東坡在禪堂面對面地打坐。

蘇東坡忽然問佛印禪師：「禪師，您看看，我坐在這裡像什麼？」

佛印禪師聽了，便仔細地端詳蘇東坡：「您身相端嚴，就像一尊佛。」

蘇東坡很滿意禪師的回答。

過了一會兒，佛印禪師對蘇東坡問：「您看看，我坐在這裡像什麼？」

蘇東坡心裡想著，平常被這個老和尚給占盡了上風，現在逮到機會，怎能不給他一點顏色瞧瞧。

蘇東坡便仔細地端詳了禪師，回答道：「禪師，老實說，您就像一堆牛糞。」

佛印禪師聽了，絲毫不介意，只是雙手合掌地呵呵笑。

蘇東坡以為自己終於勝過了佛印禪師一次，便到處宣揚自己讓禪師啞口無言的這件事。

後來，蘇東坡的妹妹偶然地聽到了兄長勝利的經過，便嘆了口氣說：「哥哥，你輸了。」

蘇東坡不明白地問：「我怎麼輸呢？明明是佛印反駁不了我，妳怎麼説是我輸呢？」

蘇小妹回答道：「哥哥，佛印禪師心裡有佛，他看你就是一尊佛祖，你的心中有牛糞，所以你看禪師，才是一堆牛糞呀！」

眾相，一切皆是內心所顯現，這就稱為「投射效應」。我們經常可以從一個人對他人的看法當中，推測出這個人的真正意圖或性格特徵。

特別是在生活中，人們經常會不自覺地將自己的想法或意見理所當然地投射到他人身上。例如，父母為子女選擇學校科系、工作、結婚對象，將自己的喜好強加到子女身上；自己喜歡的人事物，就認為別人也應該要喜歡⋯⋯。

然而，人與人之間是既有著共通性，又有著差異性的，如果「投射效應」過於嚴重，你總是以己度人，那麼久而久之，你將無法真正瞭解他人的內心所想，甚至認為不理解自己想法的人都是程度不及之人，進而產生嚴重的價值偏差。

心理實驗

史丹佛大學的社會心理學家羅斯（Lee D. Ross）曾做過一個實驗：

他在八十名參加實驗的大學生當中徵求自願者，詢問他們是否願意背著一塊大牌子在校園裡走動。

結果，當中有四十八名大學生同意背著一塊大牌子在校園裡走動，同時他們也認為其它學生都會願意去做這件事；而拒絕背大牌子的學生們則認為只有極少數的學生願意背這塊又大又顯眼的大牌子到處走。

很明顯的，這些大學生都將自己的看法投射到其它學生身上。

當他人的行為與我們不同時，我們習慣用自己的標準去衡量對方的

行為，認為別人的行為「不合理」。

舉例來說，自私的人會將他人行為的動機歸納成是「為了自己而做」，如果對方稍有些不合自己意的行為，他便覺得別人必定隱藏了什麼目的，這便是一種「投射效應」。

又像是古人說：「我見青山多嫵媚，料青山見我亦如是」，青山本無情，但是在文人的眼中卻是多情而嫵媚的，這也是一種「投射效應」的寫照。

原 理 分 析

「投射效應」是奧地利心理學家佛洛伊德（Sigmund Freud）所提出的心理防禦機制之一，是指**個體將自己不喜歡或不能接受，但是自己又具有的個性、好惡、欲望、觀念、情緒等轉移到他人或周遭事物上，認為他人或周遭事物也具有一樣的個性、好惡、欲望、觀念、情緒等**，心理學家們稱這種心理現象為「投射效應」。

「投射效應」是客觀存在的，是自欺性的機制，屬於「不成熟心理防衛機制」（Immature Mechanism），一般來說也是「無意識的」。

例如，有人因為不喜歡吃茄子而主張「茄子很難吃」，同時認為「難吃」就是茄子的「客觀」性質，認為每個人都應該覺得茄子很難吃，此時他就犯了所謂的「投射效應謬誤」。

然而事實上，茄子是否好吃，取決於吃的人的味蕾和過去擁有過的相關經驗，因此每個人吃起來的感覺都不盡相同。

此外還有，心地善良的人不願相信有人會想加害於他；而敏感多疑的人，往往會認為他人也是不懷好意。

而另一種型式的「投射效應謬誤」是，某人會認為自己不瞭解一個

現象或狀況，是因為這現象或狀況本身就是難以被理解或者並非真實的。

人們會出現「投射效應」，通常具有兩種目的：一是使用較小的危險來替代較大的危險，藉以降低自身的焦慮；二是使用保護自己的方法來表達個人的衝動。

例如，學生在考試時想要作弊，便以「投射效應」認為其它同學也一定想用作弊的方法來過關，「既然同學都這樣想了，那也不差我一個作弊」，藉此來減輕自己的罪惡感。

或者，你可能經常聽到某個人說：「那個某某某才是同性戀」、「某某某才愛說八卦」、「某某某才惹人厭呢」之類的話，那麼這個人就很有可能是無意中使用了「投射效應」，而他自己正可能就是一個「同性戀」、「愛說八卦者」、「惹人厭者」。

在實際的案例中也發現，許多病患經常懷疑有人要加害自己，但其實是因為他們自己先抱持著敵視他人的念頭。因為「痛恨」是違背道德良知的，便將這種念頭先怪罪給別人，認為是「別人先恨他」的，所以自己恨別人是很正常的事情。

我們也可以這樣解釋，那些習慣大聲批評他人犯的錯誤的人，通常沒有察覺到自己其實也有一樣的問題。這是潛意識裡害怕別人先發現自己的錯誤，只得「先下手為強」大肆批評別人一頓的心理，這也就呼應了俗語的「龜笑鱉無尾」、古人說的「以小人之心度君子之腹」了。

由於人與人之間有一定的共通性，多半會擁有相似的欲望與心願，因此在多數情況下，我們對他人的推測都是較為正確、合理的。

但是，「人心不同，各如其面」，如同蘇東坡和佛印的故事，人心畢竟有所差異，若我們不去考慮個體差異，經常擅自對他人投射自己強勢的想法，就會出現極大的錯誤落差。

然而，也由於「投射效應」的存在，我們可以從一個人對他人的看法中來推測這個人的內心的真正意圖或者性格特徵。

「投射效應」的不同表現形式

一種是「自我感情的投射」，認為別人的好惡都和自己一樣，將別人的做法或選擇以自己理解的方式去解釋。

例如，自己喜歡看NBA，所以和他人談論的話題總是離不開這個主題，也不管別人是不是瞭解和有沒有興趣。如果別人沒有什麼反應，就會認為是對方不懂其精彩之處，或是不願意瞭解自己的興趣。

另一種則是「過於主觀」，例如我們通常會對喜歡的人事物越看越喜歡，怎麼樣都找得出優點；然而對不喜歡的人事物通常也會越看越討厭，經常見縫插針地找缺點。因此會表現出過分地吹捧自己喜歡的人事物，同時過分地評論自己所討厭的人事物的現象。

這種認為自己喜歡的人事物是最好的，自己討厭的人事物是最醜惡的想法，就是一種將個人感情投射到人事物上，以進行「美化」或「醜化」的心理傾向，失去了社交關係中的客觀，只會使自己不斷地陷入偏見的漩渦裡。

「投射效應」其實是一種認知方面的心理偏差，只有當我們能論證據地看待他人和自己，才是克服「投射效應」的良方。因為多數時候，對方都並非我們所想，只有以客觀條件判別了才知道。

對方的多數條件與自己相同才能判斷準確

所謂的「物以類聚」，我們總是會認為同一個群體的人會具有某些共同特徵，因此，在評價與自己同一個「團體」的人的時候，我們往往不會根據自己所觀察到的訊息來判別，而是理所當然地將自己的特性投射到別人身上。

此外，我們也喜歡去評論與自己有著相同特徵的人，也喜歡與這些人比較，例如針對對方的年齡、職業、社會地位、性別等與自己相同的地方做比較。

但是，我們又不希望比較時自己成為輸家，而「投射效應」此時就能發揮一種自我保護作用，如果將自己的特色投射到別人身上，那麼兩者就都一樣了。

此處的重點在於，當我們與所觀察的對象非常相像時，我們的判別會很準確，但這並不是因為我們的判斷準確，而是因為所觀察的對象和自己相似，以至於我們做出的判斷是接近正確的。

不安時的不自覺運用

「投射效應」會使我們按照「自己是什麼模樣的人」來覺知、判斷他人，而不是按照對方的真實情況進行分析。當我們為了尋求內心上的平衡，就會將自己不能接受的性格特色投射到他人身上，認為別人也會具有這些惡習或觀念。

例如，自己因為處理不了狀況而將工作上的燙手山芋丟給別人，內心覺得難堪，表面上卻裝作無事一般，後來，發現別人竟比自己逃得更遠，便會嘲笑或指責對方，以減輕自己內心的不安與罪惡感。

同時，人們其實更喜歡將自己擁有的缺點投射到那些比自己強的

人，特別是名人身上，如此一來，心裡的不安就能馬上減少，因為連那些強者都有這些缺點了，更何況是我們一般人呢？

此時，「投射效應」就是一種自我保護措施，可以使個人的內心重回平衡，但要注意會影響自己對於外在人事物的正確判斷。

「投射效應」對商業有所影響

我們都知道洋娃娃很受小女孩的歡迎，因為她代表著女孩們想像自己長大後的美麗模樣。

然而，當一九六二年芭比娃娃在日本市場推出時，從日本女孩們的角度上來看，芭比娃娃雖然很漂亮，可是她的藍眼睛卻一點也不像日本人，而且，她的腿好長，腰好細，胸部也豐滿地驚人，太過西洋少女的造形無法得到日本女孩們的青睞，因此銷售成績差強人意。

雖然製造芭比娃娃的美泰兒公司（Mattel Inc.）試圖去改良日本版芭比娃娃的設計，不過在一九六七年時，日本的玩具公司（TAKARA）已經推出了日本人創造的莉卡娃娃（Licca），莉卡娃娃的臉蛋是以少女漫畫裡的女孩模樣作為藍本設計的，對於看少女漫畫長大的日本女孩來說，莉卡娃娃當然比西方的芭比娃娃要來得親切多了。

日後，西方的芭比娃娃逐漸被打敗，最後退出了日本市場。

在「投射效應」上來說，美泰兒公司的失敗點就在於他們認為日本的玩具市場和美國的有相似性，在美國受歡迎的芭比娃娃在日本一樣會受到大眾歡迎，結果卻令人跌破眼鏡，這便是一種忽略「投射效應」的失敗。

正因為「投射效應」會在拓展市場時產生相當大的影響，因此在產品投入新市場之前，必須要進行與產品選擇性相關的當地文化調查，才能更加正確地瞭解和掌握當地消費者的需求。

心機小練習

（改寫句子，以符合本篇主旨）

「那個丹尼爾真的越看越討厭，心機好重。」

其實客觀來看，他————————————————————————

————————————————————————————————

「怎麼看艾莉就是漂亮又優秀，真羨慕她。」

其實客觀來看，她————————————————————————

————————————————————————————————

心機備忘錄 memo

　　有一種人說話總是很誇張，用字遣詞非常強烈，這是因為他認為自己說的話很多人都聽不懂，這種時候你只要複誦他說的話，就能讓他感到安心。

04 得到了卻不滿足的欲望陷阱

> 「感情壓倒了理智，這就是人世間產生罪惡的原因。」
>
> ——希臘劇作家 歐里庇得斯（Euripides）

你是否有過這樣的經驗呢？當你買了一件相當喜愛的上衣之後，便會想著這件好看的衣服要搭配什麼樣的褲子才好看？鞋子又要搭配哪一種？而襪子呢？還有包包，家裡好像沒有合適顏色的包包，再去買一個吧？對了，這樣的裝扮適合再戴頂帽子，再買頂有質感的帽子吧……。

人類擁有一種特質，當我們買到或得到一件新物品時，人們會為了「配套」而大肆購買一番，如上述，我們會理所當然地認為自己的其它物品不能或配不上原先得到的「好東西」，除了身上穿的，甚至連家裡的用品、擺設、裝潢都想更換，久了，說不定還會認為自己的另一半「不夠稱頭」，走上了找尋更能「搭配」自己、「帶得出場」的伴侶一途，陷入了一種無限循環的「配套」漩渦當中。

心理實驗

十八世紀，法國有一位哲學家名叫德尼‧狄德羅（Denis Diderot）。

有一天，他的朋友送了一件質地良好、做工精緻的睡袍給他，狄德羅非常喜歡。但是當他穿著如此華貴的睡袍在自己的書房裡走來走去的時

候，他便開始覺得書房裡的家具不是太過破舊，就是風格不搭配，連鋪在地上的地毯觸感也粗得嚇人。

於是，為了與這件高級的睡袍配成一套，狄德羅開始將破舊的物品換新，後來終於使書房跟上了睡袍的等級。

但是他還是覺得心裡不太舒服，因為自己居然被一件高級的睡袍給「逼迫」了，他便將這種感覺寫成一篇名為《與舊睡袍別離之後的煩惱》的文章。

近三百年後，哈佛大學的經濟學家茱麗葉·施格爾（Juliet B. Schor）在《過度消費的美國人》（The Overspent American: Why We Want What We Don't Need）一書中提出了一個新概念——「狄德羅效應」或者稱為「配套效應」，指的是人們在擁有了一件新的物品之後，便會不斷地配置與其相當或相配的物品，以達到個人心理上的平衡。

原理分析

「狄德羅效應」說穿了，就是現今社會中常見的「得到了卻覺得不滿足」的心理，**當沒有得到某種東西之前，心裡很平穩，然而一旦得到了，卻反而覺得不足夠。**

在現代的消費生活當中，我們越來越注重各種消費品之間的搭配是否適當及具有統一性。

例如，在穿著打扮上，人們開始重視上衣、褲子、襪子、鞋子、圍巾、帽子、手錶、項鍊、耳環等物品在顏色或款式上的搭配。

又，在家居環境當中，人們會注重家具、廚具、燈具、地板、家電、擺飾品和整體裝潢風格之間的統一性。

如果舊服飾與個人的穿著經常難以搭配，或者舊家具與住家的格調

顯得不適合，都會使得人們產生將原先的舊服飾、舊家具拿來送人，或者是當成垃圾處理掉的想法。

因為在我們的生活中所需要的用品往往會以一個「系列」出現，而不是以「單個」、「單個」的型態出現。因此，用品與用品之間便會出現如何搭配的問題。

但是，隨著時代變遷，物品的組合方式也會因人們的想法改變而不同。最明顯的是，物品的整體通常會從「功能」上的搭配、到「系統」上的搭配、再到「風格」上的搭配，逐漸升級。

🔍 物質短缺會使狄德羅效應不明顯

在物資短缺的時代，「狄德羅效應」不會表現得明顯，因為人們所考慮的重點在於如何增加物資的來源，而非在於物資或物品之間的搭配問題，因東西已不足夠了，去想如何搭配是多餘的事。

然而，這並不代表當時的物品就不需要「搭配」，只是搭配的方式不一樣，並非是以顏色、美觀度來組合，而是以物品上的「功能」來組合。

例如，大家庭要能一起吃飯，就必須要有桌子、椅子，也許格式上不太一樣，沒有統一的桌子、椅子，那麼小板凳也可以，矮桌子也可以。又或者是有了杯子，就要有茶壺；有了鍋子，就要有鏟子。像這樣的搭配，就是所謂的「功能搭配」邏輯。不過，由於物資的短缺，即便是這種功能性的組合，也經常不能完全實現。

隨著時代變遷，生活水準提高了，人們便進入了「系統」搭配的時

代。所謂的「系統」組合，指的是與生活水準一致、滿足人們各種「需求」的物品之間的組合。如果缺乏某個物品，就會使生活水準降低或者使心理產生缺憾感。

例如，一九八〇年代的「家電系統」就是一種生活水準的流行。當人們買了洗衣機之後，就會想要擁有冰箱，甚至是娛樂用的電視機。

正因為這些家電組合成了生活方式的系統，若是缺了一種，生活上就會產生缺口。而為了組成「外界判定」舒適的生活方式，人們便會致力去完成這個系統。

風格組合是「狄德羅效應」的升級版

當人們的生活水準又進一步地提高時，便會開始進一步追求物品之間的「風格」組合，意思是指將各種具有功能和系統關係的物品之間按照某種標準組合而成，通常會出現兩種方式：

一種是「品牌」的組合，是指追求具有統一等級的名牌商品的組合，例如賓士汽車搭配勞力士手錶，如此可以滿足人們的物質需要和精神上的滿足，同時還能顯現個人的社會地位。

另一種則是「品味」的組合，是指人們依照個人的偏好，追求同樣品味商品的組合。例如，家裡的擺飾是田園鄉村風格，有統一的木製家具，或者是統一的家具品牌等等。

此種風格組合的出現，也受到教育程度與生活水準的高低影響，同時表現出個人的自我認同，能判別出處於「狄德羅效應」的第幾種階層。

如何處理「狄德羅效應」？

「狄德羅效應」給人們一種啟示，那就是對於那些非必需品的東西

盡量不要接受，因為如果一旦你接受了，那麼心理的壓力便會使你不斷地接受更多非必需品的東西。那麼，我們要如何擺脫「狄德羅效應」呢？古希臘哲學家蘇格拉底（Socrates）是這麼做的。

有一天，蘇格拉底的幾位學生要他去熱鬧的市集逛一逛。

他們開心地說：「那個市集裡的東西好豐富呀，有很多好看的、好玩的，也有很多新玩意兒，您想得到的、想不到的東西都應有盡有。您如果去了，一定會收穫很多。」蘇格拉底想了想，同意了學生的建議，決定去看一看。

第二天，蘇格拉底一進課堂，學生們就圍了上來，急著問他去市集後的感想。

蘇格拉底看著學生真摯的眼神，沉默了幾秒之後說：「我去市集，的確獲得了一個很大的收穫，那就是——發現了這個世界上原來有這麼多我並不需要的東西。」

「我的收穫是，當我們為奢侈的生活而疲於奔命的時候，其實幸福的生活已經離我們越來越遠了。因為幸福的生活往往很簡單，一個最好的房間，就是需要的東西一個也不少，而沒用的東西一個也不多。」

心機備忘錄

每個人的心裡都有一個自己想要保持的外在形象，也就是自我感覺良好的那一個形象，而且會拼命地去維持它。記住這個重點，如果你攻擊、毀壞到他們想保持的那個形象的話，他們就會討厭你。

05 錯誤信念才使你產生情緒困擾

> 「你越是為瞭解決問題而拚命,你就會變得越急躁——在錯誤的思路中陷得越深,也越難擺脫痛苦。」
>
> ——英國醫生 西博姆·卡洛琳(Seebohm Caroline)

德瑞克失戀了,這些日子他一直擺脫不了這個打擊,情緒低落到影響了他的日常生活,他沒辦法專心工作,因為無法集中精神,腦海裡想到的就是前女友的一言一行。他認為自己在感情上付出了這麼多,卻無法得到回報,覺得自己很不幸。於是,他找上了心理諮商師。

諮商師告訴他,其實他的處境並沒有他想得那麼糟。在舒緩了他的緊張情緒之後,諮商師說了一個故事:「如果有一天,你在公園的長凳上休息,你把手錶放在長凳上,這時候走來了一個人,他直接走過來坐在椅子上,把你的手錶坐壞了。這時候,你會怎麼想?」

「我一定很生氣呀,他怎麼可以這樣隨便弄壞別人的東西呢?」德瑞克說。「那我現在告訴你,他是個盲人,你又怎麼想呢?」諮商師耐心地問。

「原來是個盲人……他一定不知道長凳上有東西。」德瑞克想了一下,接著說:「好在只是放了一支錶,如果是油漆或是什麼尖銳的物品,那不就糟了……」

「那你還會對他發火嗎?」諮商師問。「當然不會,他是不小心才壓壞的,盲人也很辛苦,我可能有些同情他了。」

諮商師聽了便笑道：「同樣的一件事情，他壓壞了你的手錶，但是前後你的情緒反應卻截然不同。你知道這是為什麼嗎？」、「可能是因為我對事情的看法不同吧？」

看完故事，你找到問題點了嗎？這就是我們這一篇要談的「ABC理論」——對事情不同的看法，能引起自身不同的情緒反應。

生活上正是由於我們常有一些不合理的信念，才導致我們產生各種負面的情緒困擾，如果這些不合理的信念我們始終不修正它，就容易引起更嚴重的情緒疾病。

心理實驗

「ABC理論」（ABC Theory of Emotion）是由美國的合理情緒療法的創始人阿爾伯特‧艾利斯（Albert Ellis）所提出的。

人的情緒不是由某一誘發性事件的本身所引起，而是由經歷了此一事件的人對此一事件的解釋和評價所引起的，這就形成了「ABC理論」的基本觀點。

在「ABC理論」的模式中，A是指誘發性事件；B是指個體在遇到誘發事件之後相應而生的信念，即是他對此一事件的看法、解釋和評價；而C則是指特定情景下，個體的情緒及行為的結果。

通常人們會認為「誘發事件A」直接導致了「人的情緒C」或「行為結果C」，發生了什麼事就會引起什麼情緒體驗。然而，同樣的一件事，也有可能對不同的人引起不同的情緒體驗。

例如一位陳太太碰到了一個事件——她的丈夫要和她離婚。此時她的想法可能會是「我被丈夫遺棄了」、「沒有人要我」、「我是一個婚姻失敗者」、「我是全世界最不幸的女人」……於是她的情緒陷入了極端的

沮喪當中。

而另一位張太太也碰到了丈夫要和她離婚的事件，然而此時她的想法卻是「我可以一個人生活、享受單身」、「在一起互相傷害，還是分開好」、「我還有家人朋友」、「我還有機會可以再找一個好對象」……於是她找回了內心的平靜與新的自信。

為什麼張太太對於離婚事件感到無所謂，而陳太太卻是傷心欲絕呢？

這就是「誘發事件的A」與「情緒或行為結果的C」之間還有個對誘發事件A的「看法的B」在作怪，而不同的B所帶來的C有可能完全不同。

原理分析

「ABC理論」主要是由ABC三個字母，分別代表著不同的涵義，而此三個字詞之間也有彼此相對的關係。

A（Antecedent）指的是事情的前因，C（Consequence）指的是事情的後果，有前因必有後果，但是有同樣的前因A，卻有可能產生不一樣的後果1（C1）和後果2（C2）。

這是因為從前因到後果之間，一定會經過一座橋樑B（Belief），這就是信念，使每個人對結果的評價與解釋不同。

又因為，同一情境之下（A），不同人的理念、評價與解釋都會不同（B1或B2），所以會得到不同的結果（C1或C2）。因此，事情發生的一切根源緣自於我們的信念、評價與解釋，也就是B。

而合理的信念會引起人們對事物適當、適度的情緒和行為反應；不合理的信念則相反，往往會導致不適當的情緒和行為反應。

若人們堅持某些不合理的信念，使自己長期處於不良的情緒狀態之

下，最終將導致情緒障礙的產生。

而一般人常見的不合理信念有：

· 任何事情都應該照自己的意願發展，否則就會很糟糕。

· 我應該比別人強。

· 我們應該得到所有對自己重要的人的喜愛和讚許。

· 一個人應該擔心隨時可能會發生災禍。

· 逃避挑戰與責任可能要比正視它們容易得多。

· 情緒是由外界控制的，自己是無能為力的。

· 已經決定的事是無法改變的。

· 有價值的人應該在各個方面都比別人強。

· 一個人碰到的各種問題，都應該要有一個正確完美的答案，如果沒有，便是不能容忍的事。

· 對不好的人應該給予嚴厲的懲罰與制裁。

· 過去的影響是無法被消除的。

· 人不為己，天誅地滅。

因此，當在日常生活和工作中遭遇到各種失敗和挫折時，要想避免情緒失調，就應多「檢查一下」自己的大腦，看是否存在一些「不合理的信念B」，如果有，就要有意識地用合理觀念取而代之。

例如，同樣是失戀，有的人放得下，認為這未必不是一件好事；有的人卻是傷心欲絕，認為自己一輩子都找不到真愛了。這兩種人因為對事情的評價不同，他們的情緒體驗當然完全不同。

對於前述這個失戀的年輕人來說，失戀只是一個誘發事件A，結果C是他情緒低落、生活受到影響、無法專心工作。而導致這個結果的，正是他的認知B，他認為自己付出了，就一定要得到對方的回報，如果他換個

想法：像前女友這樣不懂得珍惜自己的女孩現在離開了，反而可以避免日後她對自己造成更大的傷害、又或許自己還能找到更適合自己的女孩，那麼他的情緒體驗也就不會這麼糟糕了。

拋棄那些「絕對的要求」

「絕對的要求」指的是人們經常以自己的意願作為標準，認為某事物必定發生或者必定不發生的想法。它經常表現在「必須」、「應該」、「一定得……」的句子上。

例如，「我必須賺大錢」、「別人應該要對我好」等等。這種絕對化的要求之所以不合理，是因為每一種客觀事物都有其自身的發展規律，地球不可能是繞著某個人在轉動的，每一個人也不可能在每件事上都獲得成功，周遭人事物的表現和發展也不會以某個人的意願來改變。

因此，當事物的發展與自己對事物的絕對性要求相衝突時，我們就會覺得難以接受，從而陷入情緒困擾之中，因此你必須學著放棄。

拋棄「過分的以偏概全」

這是一種以偏概全思維方式的表現，經常表現在「總是」、「所有……」的句子上，這就像是只看一本書的封面，就決定內容好壞一樣的膚淺。

此種心理會表現在人們對自己或他人的不合理評價上，特色是以某一件事或某幾件事來評價自身或他人的整體價值，而且「一次定生死」。

例如，有些人在遭受失敗之後，就會認為自己「一無是處」，這種

片面的自我否定往往會導致自暴自棄等負面情緒；當這種評價指向他人，就會變成一味地指責別人，產生怨懟等負面衝突情緒。

我們應該認知到「金無足赤，人無完人」，每個人都有犯錯的可能性，這才是認知自我與他人的重要觀念。

拋棄「一切都完了」的想法

這種觀念認為，如果一件不好的事情發生，那麼一切都終將走向衰亡之路。例如，「我沒考上台大，一切就都結束了」、「我沒當上主任，以後人生就這樣了。」

這種想法是非理性的，因為對任何一件事來說，都會有比這些更糟的情況發生，沒有一件事情可被定義為糟糕到極點。當一個人堅持這種「一切都完了」的觀念時，那麼他很容易就會陷入一蹶不振的情緒中而難以自拔。

改變個人信念的合理情緒療法

「合理情緒療法」是艾利斯在美國所創立的，它是認知療法的一種，因此採用了行為治療的方法，故又被稱為「認知行為療法」。

「合理情緒療法」的基本理論主要是「ABC理論」，此一理論又是建立在埃利斯對人的基本看法上的。

舉例來說，前述的陳太太在離婚後產生了沮喪的情緒，但並非只有離婚事件才會導致此反應，而是陳太太將離婚事件解釋成一種失敗、沒有價值的信念，這些念頭才產生出C的沮喪結果。

由此可知，「ABC理論」的輔導原則將重點放於「個人信念」的部分，也就是「改變B」，即是要去駁斥當事人消極、沮喪的念頭，以協助

當事人運用積極的態度去處理問題。

而駁斥的歷程主要包括下列幾項步驟：

（1）尋找出非理性的念頭。

（2）對這些錯誤的信念進行質疑，並且辯論。

（3）使當事人學習去分辨理性以及非理性的信念。

透過上述的步驟，當事人在進行駁斥之後，若最後可採取合理的思考模式，就表示此駁斥的過程產生了效果，使當事人擁有了新的情感，也就是在念頭上（B）有所轉變，便會得到不同的情緒結果（C）。

心機小練習

（改寫句子，以符合本篇主旨）

「我不甘心，他為了小三拋棄了我……」

這也沒什麼不好，_____
_____

「為了比賽練習了這麼久，竟然受傷不能出賽……」

這也沒什麼不好，_____
_____

06 看別人怎麼做是對的嗎？

> 「極少數人有理智，多數人有眼睛。」
> ——英國前首相　溫斯頓・邱吉爾（Sir Winston Leonard Spencer Churchill）

你或許已經親身體驗過，周遭的排隊美食越來越多，已經突顯出台灣獨特的排隊文化，而且越多人排隊，就會有越多人湊熱鬧，例如米其林的港點餐廳在台北開店，人氣至今不減，還有過去曾爆紅過的甜甜圈、手搖飲料、平價服飾店，甚至每年過年時廟宇會發送的發財金等等，都曾出現類似的盛況。

聰明的你應該很快猜到此篇要談的就是「羊群效應」。羊群是一種很散亂的組織，平時在一起也是盲目地左衝右撞，但一旦有一隻領頭羊動起來，其它的羊就會不假思索地一哄而上，全然不顧旁邊可能有狼，或者是不遠處有更好的草。

此效應比喻人都有一種從眾心理，從眾心理很容易導致盲從，而盲從往往會使我們陷入騙局或遭遇失敗。

 心理實驗

「羊群效應」（The Effect of Sheep Flock）也被稱為「從眾效應」或「樂隊花車效應」（Bandwagon effect），是指人們受到多數人一致性

的思想或行動的影響，而跟從大眾的思想或行為。

參加者只要跳上了這台樂隊花車，就能夠輕鬆地享受遊行中的音樂，又不用走路，也因此英文中的片語寫成「jumping on the bandwagon」（跳上樂隊花車），也就代表了「進入主流」。

此片語首先在一八四八年的美國政府，由林肯時代的一個小丑使用。專業的馬戲團小丑丹‧賴斯在為第十二任美國總統扎卡里‧泰勒（Zachary Taylor）競選宣傳時，使用了樂隊花車的音樂來吸引民眾注目。當泰勒的宣傳日益成功時，越來越多的政客為了尋求利益而投向了泰勒。

「從眾效應」是一種訴諸群眾謬誤的基礎，又被稱為「跟尾狗效應」，也就像是跟在別人身後的狗一樣，自己不會或者是不願意去做決定。

原理分析

「羊群效應」告訴我們，多數時候根本不是諺語所說的那樣——「群眾的眼睛是雪亮的」。

在市場中的普遍大眾，往往容易喪失基本的判斷力。因為人們喜歡湊熱鬧、人云亦云。此外，群眾的目光還投向資訊媒體，希望從中得到判斷的依據。

但是，媒體人也是普通群眾，不是你的眼睛，一旦你不會辨別垃圾訊息就會失去方向。因此，廣泛地收集訊息並敏銳地加以判斷，是讓我們減少盲從行為，更好地運用自我理性的最佳方法。

很多時候我們不得不放棄自己的個性去「隨波逐流」，這是因為我們不可能對任何事情都瞭解得一清二楚，對於那些不太瞭解、沒把握的事

情往往就容易「隨波逐流」。**持某種意見的人數多少，是影響從眾效應的最重要的一個因素，很少有人能夠在眾口一詞的情況下還堅持自己的不同意見，**此在日本社會中尤其明顯。

壓力是另一個決定因素。在一個團體內，誰做出與眾不同的行為，就往往容易招致「背叛」的嫌疑，會被孤立，甚至受到懲罰，因而團體內成員的行為會漸趨一致。

然而，若能理性地利用和引導羊群行為，可以創建品牌，並形成規模效應，從而獲得利大於弊的較佳效果。因此尋找好領頭羊是利用「羊群效應」的關鍵。

例如，在選舉中也經常見到從眾效應，一些選民會把選票投給那些很可能勝出，或者在傳媒中如此宣稱的候選人，從而增加他們真的勝出的機會。

當然，任何存在的東西總有其合理性，「羊群效應」不見得就是一無是處，這是自然界的優選法則，在訊息不對稱和不確定條件下，看別人怎麼做確實是風險比較低的。「羊群效應」可以產生示範學習作用和聚集作用，這對於弱勢群體的保護和成長是很有幫助的。

「羊群效應」告訴我們，對他人的訊息不可全信也不可不信，凡事要有自己的判斷，出奇能制勝，但跟隨者也需有後發優勢。

對於個人來說，跟在別人屁股後面亦步亦趨難免被吃掉或者被淘汰，最重要的就是要開發自己的創意，走不尋常的路才是我們脫穎而出的捷徑，保持創新意識和獨立思考的能力，都是至關重要的。

注意「羊群效應」的跟風心理

經濟學裡經常用「羊群效應」來描述經濟個體的從眾跟風心理。

「羊群效應」的出現一般會在一個競爭非常激烈的行業上，而且這個行業上會有一個領先者（領頭羊）占據了群眾主要的注意力，接著整個羊群就會不斷地模仿這隻領頭羊的一舉一動，領頭羊到哪裡去吃草，其它的羊也會去哪裡淘金。然而，此種跟風心理通常具有一定的危險性。

暗藏「羊群效應」中的假象

一般來說，「羊群效應」有幾種表現形式：一是表面服從，內心也接受，所謂的「口服心服」；二是「口服心不服」，出於無奈只得表面服從，違心從眾；三是完全隨波逐流，談不上服不服的問題。

就從眾心理的客觀影響來看，既有積極意義，也有消極意義，主要看從眾行為的具體內容。由於青少年的知識、經驗都不足，自制能力又不強，因此在多數情況下，從眾行為不同程度地帶有盲目性。

青少年中既有口服心服的「真從眾」；也有口服心不服的「假從眾」。「真從眾」往往是所提出的意見或建議正合本人心意，或者自己原無固定意向，或者是「跟多數人在一起不會錯」的隨波逐流想法。

「假從眾」則往往是礙於情面或者免受群體的指責和懲罰。

例如有的同學不抽菸，也不想抽菸，但夥伴中許多人都抽菸，為使自己與大家合群一致也只得抽上了。這種違心的從眾現象，在學生中還是比較多的。

心機備忘錄

　　「壓力」對你的身體所產生的影響和「勇氣」一樣，因此，當你感受到壓力時，不妨轉念一想這其實是勇氣。因為當你感受到壓力的同時，你的身體其實已經準備好接受挑戰了，如果你懂得轉換這種感覺，就能將壓力視為一種能量，而非威脅。

07 二十一天讓你得到全新自己

> 「注意你的思想，它們會變為言語；注意你的言語，它們會變為行動；注意你的行動，它們會變為習慣；注意你的習慣，它們會變為性格；注意你的性格，它們會變為你的命運。」
>
> ——英國前首相　柴契爾夫人（Margaret Thatcher）

每次看完投資理財的書之後，你是否總會滿腔熱血地拿出記帳本或打開記帳App，下定決心這次要持之以恆地記錄花費，結果沒過幾天又開始懶散了？每次穿衣服時總是覺得自己胖得穿衣服很難看，看到那些帥哥美女都羨慕他們的好身材，於是繳了錢，發誓要一週去三次健身房，結果沒去幾天就累了，繳的錢就這樣白白飛走了……

這些不是我們經常一直重複在做的事情嗎？為什麼我們總是下定了無數次的決心，卻還是沒辦法養成好習慣、達成目標？其實，這是因為我們在養成習慣之前，心理就已經先放棄了。

心理實驗

據美國的行為心理學家雷須利（Karl Lashley）的研究發現：

一種新行為至少重複執行二十一天，就會變成習慣。

為什麼是二十一天呢？

二十一是個奇妙的數字，聖經上神造天地萬物需要二十一天、小雞

的孵化也需要二十一天，可見自然界中有一定的規律。人類生命的發展，同樣有人類特有的規律，你只要持續二十一天，就能養成改變自己的習慣。

而養成習慣的步驟就是：下定決心→學習→練習→重複操作。

二十一天大致可以分為三個階段：

第一階段：一天至七天左右。此階段的表現為「刻意，而且不自然」，需要隨時刻意地提醒自己，因為新習慣和舊習慣會衝突，所以不由自主地一直想抵抗，為了不要做這件事會下意識地不斷找藉口。

例如今天真的不能去健身房，因為下大雨；或是今天沒辦法記帳，因為這兩天跟同事一起出去出差，很多錢都是一起付的，會結不清楚。

第二階段：七天至二十一天左右。此階段表現為「刻意，還算自然」，抵抗意識已經慢慢消失，做這件事也不會心不甘情不願，但還是需要提醒自己該進行了。

第三階段：二十一天至九十天左右，此階段的表現為「不經意，而且自然」，從此以後晉升到不做反而覺得奇怪的境界，就好像有泡澡習慣的人如果一天沒泡澡就渾身不對勁。

所以目標就是要堅持到二十一天，堅持養成新的好習慣到二十一天，就能改變你的人生。

原 理 分 析

在此就二十一天的三個階段做詳盡說明：

第一階段——順從：

即是表面接納新理念或開始新習慣，在外顯行為上表現出盡量與新的要求一樣，而在實質上未發生任何變化。此時，最易受到外部獎勵和懲

罰的影響，因為順從可獲得獎勵，不順從就會遭到懲罰。可見，新理念、新習慣的形成一開始多數是受到「外在壓力」影響而產生的，自發性是極為少見的。

第二階段——認同：

認同是在心中主動接納新理念、新習慣的影響，比順從更深入一層，此時意識成分更加濃厚，不再是被動的、無奈的，而是主動地、有意識地加以變化，使自己盡可能地接近新理念、新習慣。

第三階段——內化：

此時新理念、新習慣已完全融於自身之中，無任何不適之處，已徹底發揮新理念、新習慣的作用。

一般而言，此三個階段對非特異的理念、習慣只需二十一天便可形成，這是大量實驗與實踐的結果。**新理念、新習慣的形成需要不斷地重覆，即使簡單的不斷重覆也是十分有效的。**

二十一天效應並不是說一個新理念、新習慣只要經過二十一天便可形成，而是在二十一天中此一新理念、新習慣要「不斷地重覆」才能產生效果，這也是現在許多廣告不斷播報的原因所在。

運用二十一天效應養成習慣的步驟

（1）設定清楚的目標

無論你想要養成什麼好習慣或是拋棄什麼壞習慣，都一定要先設定清楚目標，並且是可執行的目標。

例如：你想要養成運動的習慣，並且想藉此達到瘦身的目的，你的

目標就可以清楚地訂出每天運動三十分鐘，而不是只是說：「我想要天天運動，想要減肥」而已，也不要訂下一個不可能達成的天方夜譚般的目標來打擊自己的信心。

（2）每天檢視練習

每天檢視自己的計畫及狀態，可以把自己的目標寫下，貼在牆上或手機畫面上隨時提醒自己，也可以跟自己的親朋好友分享，請他們一起鼓勵提醒你，增強自己的決心，讓自己處在一種「我正在改變」的狀態，趕走所有阻攔你進行的負面思想。

（3）堅持到底，永不放棄

改變的過程中可能是三天、五天、十天……你可能會覺得自己很疲累、想休息，或是懷疑自己真的可能改變嗎？此時千萬不要輕言放棄，只要再堅持一下，一個新的好習慣就是你的了。

前七天再痛苦都得堅持下去

一開始的七天，不管有任何理由都得堅持做下去。以減肥來說，即使今天加班很累、小孩感冒發燒、家事一堆等著你做、外面下大雨還寒流來襲，你實在沒時間運動，那麼就等小孩睡著，你也可以在家跳個有氧操，但是不能不做。即使下大雨，若說好了要去健身房，就搭計程車去，因為多花錢也只多花這七天，絕對不要就此自暴自棄，直接舉白旗。

務必記得設定鬧鐘

記得設定鬧鐘，設定每天要做這件事的時間，然後用鬧鐘提醒自己。例如每天晚上十點要開始寫明天的工作計畫，那麼就設定手機鬧鐘每天晚上十點提醒自己，設定多次也可以。

將習慣與每天會做的事做連結

記得將新的習慣和原本每天會做的事情連結，例如，我們每天洗澡總不會忘記，那就規定自己每天洗澡完要寫隔天的工作計畫，這樣就不會忘記了。

舒服的習慣容易持續

輕鬆舒服的習慣一定比較容易養成，不舒服又辛苦的習慣比較難養成。例如，要養成每天晚上看連續劇的習慣，一定比每天晚上出門跑步的習慣要容易很多。

結論是如果你要痛下決心改變自己，那就一定要堅持二十一天，沒有什麼習慣是無法養成的，只是有沒有讓自己「勉強成習慣，習慣成自然」罷了。

心機備忘錄

memo

想說服他人，給對方選擇權是相當好用的方法，會讓他們覺得自己有「控制權」。舉例來說，讓你的孩子喝牛奶他可能會反對，但是問他「想用藍色的杯子喝？」還是「用紅色的杯子喝？」他就會選個顏色，然後乖乖喝牛奶。這個方法不只對小朋友有用，對所有大人也都一樣。

提高好感篇

The Mental Tricks
That Will
Change Your Life

首因效應指個體在社會認知過程中，
透過第一印象最先輸入的訊息對個
體以後的認知產生的影響，而第一印
象的作用最強，持續的時間也長，會
比日後得到的訊息對事物整個印象
產生的作用更強大，甚至左右日後獲
得的新訊息的解釋。

08 第一印象遠比你想的還重要

> 「如果做好心理準備，一切準備都已經完成。」
> ——英國戲劇家　威廉・莎士比亞（William Shakespeare）

第一印象到底有多重要呢？據調查顯示，當我們在與人談話時，對方注意的重點有38％在「肢體語言」，遠遠超過只占有7％你可能認為很重要的「談話內容」。

因為生存需求，人類的大腦進化到能夠快速地對陌生人貼上「好人」與「壞人」的標籤。也許你沒有感覺，但當你第一次見到某個人時，大腦就會用約六秒的時間對他進行歸類，這的確是在無意識的情況下進行，也無關乎公平或是合理性，答案只有簡單的「是」或「否」，但結果卻會長期地留在你的腦中並難以消除。

換句話說，面對一個陌生人，其實早在他開口以前，你就已經決定好要接受或拒絕對方。同樣的，在談完生意之前，對方也會憑著第一印象就知道自己喜不喜歡你這個人，同時影響到這筆生意能不能成功。雖然這聽起來有些荒謬，但這是無意識的行為，沒有人能去說服自己，甚至馬上反對這個想法。

舉例來說，若你初次拜訪客戶時，來意不明、不打理服裝，或者給人感覺不夠穩重、不符合代表的公司產業給人的感覺，就可能大大地影響他人對你的觀感。

心理實驗

美國的社會心理學家洛欽斯（A. Ladins）曾在一九五七年做過一個實驗：

洛欽斯向四組大學生介紹某個陌生人，在向第一組介紹時說他是個「性格外向」的人；在向第二組介紹時說他是個「性格內向」的人；在向第三組介紹時，先說他是「性格外向」的人，後說他是一個「性格內向」的人；在向第四組介紹時，和在第三組介紹時的說法一樣，只是「順序顛倒」了。

隨後洛欽斯要求四個組別用上面介紹的術語來描述這個陌生人。

第一、第二組在描述時沒有發生任何問題，但第三、第四組對陌生人的印象完全與提供訊息的順序相對應，也就是先提供的訊息占了優勢。

實驗結果就是，當不同的資訊結合在一起的時候，人們總是傾向於重視前面的資訊；即使人們同樣重視了後面的資訊，也會認為後面的資訊是非本質的、偶然的，人們習慣於按照前面的資訊來解釋後面的資訊，即使後面的資訊與前面的資訊不一致，也會屈就於前面的資訊，以形成自己對其整體一致的印象。

原理分析

「首因效應」（Primacy Effect）也稱為「第一印象作用」，或是「先入為主效應」。它是指**個體在社會認知的過程中，透過第一印象最先輸入的訊息對個體以後的認知產生的影響作用，而第一印象的作用最強、持續的時間也長，比日後得到的訊息對事物整體印象產生的作用更強大，甚至會左右對後來獲得的新訊息的解釋。**

「首因效應」反映了人際交往中主體訊息出現的順序對印象形成所

產生的影響。最初形成的印象對人的認知具有強烈的影響，而第一印象主要是以性別、年齡、體態、姿勢、談吐、臉部表情、衣著打扮等來判斷一個人的內在素養和個性特徵。

然而根據第一印象來評價一個人往往容易失之偏頗，被某些表面現象所蒙蔽。此主要表現在兩方面：一種是「以貌取人」，我們往往對儀表堂堂、風度翩翩的人容易留下好印象，其缺點卻很容易被忽視；另一種是「以言取人」，那些善於說話、對答如流者往往能給人留下好印象。

「首因效應」在人際交往中對人的影響較大，是交際心理中的重要名詞。我們常說的「給人留下一個好印象」，一般指的就是第一印象，這裡就存在著「首因效應」的作用。

因此，在交友、求才、求職等社交活動中，我們可以利用這種效應，展示給人一種極好的形象，為日後的交流打下良好的基礎。

當然，這在社交活動中只是一種暫時的行為，更深層次的交往就需要我們的硬體完備。這需要我們加強在談吐、舉止、修養、禮節等各方面的素質，不然即會導致另一種效應的負面影響，也就是「近因效應」（下一篇即會說明）。

六秒就能決定第一印象

據研究指出，六秒就能決定出第一印象，而我們的「笑容」更會對這六秒的判定產生影響。

根據實驗結果，當我們看到對方對自己微笑時，血液循環就會加快，同時體溫會升高，心情會變好，進而對對方產生好感。

相反地，如果第一次見面時對方就皺著眉頭，擺一張臭臉，那麼人的胃液分泌就會變差，容易產生攻擊情緒。一旦第一印象太差，那麼日後不經過七次至八次的見面，或者兩小時以上交談的話，就無法順利扭轉這種糟糕的印象。

然而不論先天因素為何，只要你減少腰圍、保持整潔、頭髮梳理整齊、氣味保持良好、穿著符合場合要求，這些都能替你的形象有效加分。當然，微笑也比沒有表情更容易讓對方接納自己。

外表出色的人特別受歡迎

「外表」是最先被大腦注意到的部分，這包括我們的五官、穿著和飾品等等，這一向是社交場合最重要的關鍵之一。

美國研究跨文化交際的著名學者理查·布里斯林（Richard Brislin）也發現，有百分之八十九的人是出於外表而願意出席第二次約會。而外表出色的人通常特別有自信，這是因為人們都喜好以正面與友善的態度接近他們，才讓他們自然發展出自信的方式來回應。

所以，既然大家都會憑藉著外表作為與你溝通的依據，那麼，刻意營造你的第一印象，也就是盡量保持外表的美觀，便成為關鍵的事。

面帶笑容說話與傾聽

帶著笑容說話的聲音會給人好印象。例如，同樣是「你好」，帶著笑容說效果會比毫無表情地說更好，因為帶著笑容說的聲音會更響亮，給人陽光開朗的感覺。

這是因為控制發聲的肌肉和控制表情的肌肉都在運動，表情越豐富，聲音越容易發出來。也就是說，聲音也是左右對方印象的重要因素。

那麼，如何笑得讓對方對你的好感度更提高呢？

（1）至少要露出八顆牙齒

如果看不見牙齒地笑，很容易讓人覺得你想要隱藏內心，因此如果要笑，最好露出八顆牙齒，即使露不出八顆，也應該盡可能地笑得開朗自然。千萬不要為了笑而笑，如此反而笑得僵硬不自然，不妨對著鏡子自己練習練習。

（2）眼神溫和、誠摯

眼睛是心靈之窗，如果人的內心並非真正愉悅，那麼眼睛是笑不出來的。如果想要給對方好印象，一定要在自己的內心抱持著「我很喜歡這個人」的愉快心情，讓眼神真正地愉快溫和，這樣的眼神搭配笑容，才能給對方更好的印象。

🔍 目的明確使你集中注意力

想留下良好的第一印象，必須要做的首要大事就是明確你的目的。尤其是在一些大型場合。例如大型會議、社交活動或者朋友舉辦的派對等等，你會同時遇到許多人。在準備活動或者開車前往會場的時候，你便可以思考一下你想要見面的是什麼樣的人，你將和他們展開何種互動。

這樣的思考是一種極好的基礎訓練，能夠讓你集中注意力，明確自己要在活動中展現出什麼樣的形象與活力。

🔍 務必留意服裝和飾品

一定要注意，衣服、化妝、珠寶、手錶和鞋子，你的所有著裝和飾品，無疑是他人最初對你下判斷的依據。強烈建議你將最愛的服裝和飾品穿戴齊全，讓可靠的朋友來看看效果如何，並給你做些評論。

許多男性沒有意識到，他們的手錶會透露出很多關於他們自己的喜

好。對女性而言，皮夾和大型的耳環或珠寶首飾，都會給陌生人提供很多潛在的背景資訊。最後，注意你的髮型和化妝，確保它們正確反映了你想給初次見面的對象傳遞的印象。

注意肢體語言的表現

肢體語言也是第一印象的關鍵組成部分，從你的手勢，到你走路的方式，每一個細節都是你「操縱」身體的結果。很多時候，只要簡單留意你自己的肢體語言，就能立刻改善自己的形象。

這裡提供一個檢驗自己肢體語言的辦法，你可以將自己在房間裡走路的樣子錄成影片，播放給自己看。也可以將一些潛意識裡的動作記在腦海中，例如腳尖的方向、肩膀的位置以及手擺放的方式，以幫助你修飾呈現後的感覺。

避開不順利的日子

如果一個人在白天時碰到了倒楣的事情，那麼晚上參加晚宴或者派對的時候往往是不明智的決定。如果你的情緒正處於沮喪或者焦慮中，旁人很容易會從你的臉部表情、隻字片語和肢體語言中察覺。

如果你白天過得不順心，那就回家待著吧！如果非參加活動不可，那麼一定要找到方法去轉換糟糕的情緒。

你可以在出席活動前聽聽音樂、做一些健身操，或是觀看搞笑的網路影片，通常能讓我們獲得更適合交際與更樂觀的情緒。

仔細傾聽，言之有物

如果你能真正對對方感興趣，敞開心扉地去瞭解對方，他們就會感

受到你的誠意,並將此加入對你的第一印象。

我們都有過這樣的經驗:在聚會中遇到一個人,但很快發現他只是被朋友拖來的,因為他顯露出等不及就想回家的樣子。

我們對這樣的人自然不會留下什麼好印象。所以當你與人初次見面時,試著真誠地去瞭解對方,這樣的行為會產生感染力,你會和對方交談更順暢,並和你感興趣的對象建立起長期的友誼,因為他們也已經對你感興趣了。

避免侵入對方的個人領域

你應該學會避免侵入對方的個人領域,所謂的「個人領域」大約是一個手臂長度的距離,特別是如果你的體型比較高大,除非是技巧性地接近,否則很容易讓人感到遭受威脅,這也是為什麼搭乘電梯會讓許多人感到不自在的原因。

配合對方調整自己的步調

我們都會被和自己相似的人吸引而感到自在,所以你也需要盡量配合對方說話的速度,甚至是和對方表現出相同的情緒。對方如果是女性,請將你的視線低於對方視線,這也能夠讓她們感到較為自在。

心機備忘錄

如果你與別人握手的時候,手是暖的,那麼他們通常會想要與你更加親近。

memo

09 往來中的最後一次見面很關鍵

「對於過去不幸的記憶，構成了新的不幸。」

——西班牙劇作家 塞萬提斯（Miguel de Cervantes Saavedra）

在一個競爭激烈的面試過程中，面試官告訴應徵者可以離開了，但是當應徵者要離開時，面試官卻又突然叫住他，對他說：「你已經通過了筆試，但口試成績卻不怎麼樣，你自己怎麼看？」

其實，面試官會臨時多問這一題「加分題」，就是想藉此考驗一下應徵者的臨場應變能力，如果這一題答得漂亮，大可彌補口試的缺憾；如果回答得不夠好，當然會由於這最後的關鍵問題而使得面試者前功盡棄，這其實是一種心理上「近因效應」的運用。

在現實生活中，「近因效應」的現象相當普遍，受此影響，經常有些人會改變原先看法，甚至做出錯誤判斷。

例如一個不去工作、只向人乞討度日的流浪漢，有一天卻因為見義勇為地做了某件事而受到民眾與媒體的讚揚，自此就被認為是一名英雄，如此用近期的一時一事來肯定或否定一個人或一個企業的全面作為，便很容易淪為片面與失誤的資訊，你是否也曾落入這樣的窠臼呢？

 心理實驗

前述的美國社會心理學家洛欽斯（A. Ladins）曾用自己編撰的兩段文字作為實驗材料，以此來研究「近因效應」（Recency Effect）的現象。

這次，他編撰的文字內容主要是描寫一個名叫吉姆的男孩的生活片段，第一段文字他將吉姆描寫成熱情並外向的人，第二段文字則相反，將他描寫成冷淡而內向的人。

例如，在第一段文字中敘述吉姆與朋友一起去上學，他們走在撒滿陽光的道路上，與店家裡的熟人說話，與新認識的女孩子打招呼等等；在第二段中則說吉姆放學後一個人走路回家，他走在馬路的陰暗側，他沒有與新認識的女孩子打招呼等等。

在實驗中，洛欽斯將兩段文字加以組合：

第一組：描寫吉姆熱情外向的文字先出現，冷淡內向的文字後出現。

第二組：描寫吉姆冷淡內向的文字先出現，熱情外向的文字後出現。

第三組：只顯示描寫吉姆熱情外向的文字。

第四組：只顯示描寫吉姆冷淡內向的文字。

洛欽斯讓四組受試者分別閱讀一段文字，然後回答一個問題——「吉姆是一個什麼樣的人？」

結果發現，第一組受試者中有近八十％的人認為吉姆是友好的，第二組中只有十八％的受試者認為吉姆是友好的，第三組中認為吉姆是友好的受試者有九十五％，第四組只有三％的受試者認為吉姆是友好的。

這項研究結果證明了訊息呈現的順序會對社會認知產生影響，先呈現的訊息比後呈現的訊息有更大的影響作用。

但是，洛欽斯進一步的研究發現，如果他在兩段文字之間插入某些其它活動，例如做數學題、聽故事等等，那麼大部分受試者會根據「活動以後」得到的訊息對吉姆進行判斷。

也就是說，最近獲得的訊息對他們的社會知覺發揮了更大的作用，這個現象就稱作「近因效應」。

原理分析

所謂的「近因效應」與「首因效應」相反，其是指**在總體印象的形成過程中，新獲得的訊息會比原先獲得的訊息影響更大的現象。**

若是在多種刺激一次出現的時候，印象的形成主要取決於後來出現的刺激。在人際交往過程當中，我們對他人最近與最新的認識占了主體地位，掩蓋了以往對他人的「舊」評價，因此，「近因效應」也稱為「新穎效應」。

也就是說，在來往中最後一次見面給人留下的印象，這個印象在對方的腦海裡也會存在很長的一段時間。想想那些多年不見的朋友們，在自己腦海中留下的最深的印象，是不是就是上一回臨別時的情景呢？

假設有一個朋友總是惹你生氣，可是現在要你談談當時為什麼生氣，你大概也只能說出兩、三個原因，這也是一種「近因效應」的表現。

研究也發現，「近因效應」一般並不如「首因效應」那麼明顯和普遍，因為在印象形成的過程中，當不斷地有吸引人注意的新訊息出現或者原先的印象已經淡忘時，那麼新獲得的訊息的效果才會比較大。

此外，當前後訊息的間隔時間越長時，「近因效應」就會越明顯。原因在於前面的訊息在記憶中已經逐漸模糊，使得近期訊息在短時記憶裡面更為突出。

🔍 避免「首因」和「近因」的偏激之處

心理研究同時表明了，在人與人的來往當中，初期還處於生疏階段的時候，其實是「首因效應」的影響比較大且重要；而在來往的後期，彼此已經相當熟悉的時期，「近因效應」的影響則是同等重要。

同時也有研究指出，當我們在與陌生人來往時，「首因效應」發揮較大的作用；而在與熟人來往時，「近因效應」則發揮較大的作用。

而性格特色也會影響「近因效應」或「首因效應」的發生，一般來說，個性較活潑外向的人容易受到「近因效應」的影響；而個性較穩重的人，容易受到「首因效應」的影響。

很明顯地，該如何去解釋這似乎有些矛盾的兩種心理現象？

洛欽斯認為，在關於一個人的兩種訊息連續被瞭解時，人們總傾向於相信前一種訊息，並對其印象較深，此時發揮效果的是「首因效應」；而在關於某人的兩種訊息「斷續」式地被人瞭解時，此時發揮效果的是「近因效應」。

同時也有專家表示，究竟是何者效應發揮效果，應該取決於個人認知的價值選擇和判斷，在實驗中也發現，受試者對於他人的性格評價取決於自己的價值觀，並根據自己的判斷標準來表達出對一個人的好惡。

🔍 利用「近因效應」美化回憶

朋友之間之所以會留下負面的「近因效應」，多數發生於來往時的某些事件與彼此之間的期望相違背，或者是自己感到委屈、自己的好意卻被誤解的時候，此時多為不理性的情緒狀態。

而在不理性的狀態下，人們對自己行為的控制能力，和對周遭事物

的理解能力，都會有很大程度的降低，特別容易有說錯話、做錯事的不良後果。

因此，凡事須先忍讓、冷靜，防止激化對方。待心平氣和時，彼此再進行溝通。若能如此，就可順利運用「近因效應」，在與朋友分別時，使他對你留下良好的印象，若能從爭吵到理性地和好，你的形象就能更加在他的腦海裡美化起來。

運用在學習上的「近因效應」

在學習大量的資訊後，當我們立即進行回憶時，只會對該大量資訊中的最後幾個資訊的回憶最熟悉，這是因為我們熟識它們的相距時間最短，大腦便是從短時記憶中提取的。

而延緩回憶則對「首因效應」沒有影響，但卻會消除「近因效應」，這說明短時記憶的提取才能促成「近因效應」。

在人的知覺中，如果前後兩次得到的訊息不同，但中間有無關的行動將它們分隔開，那麼後面的訊息在形成總印象時發揮的作用更大。

不因「近因效應」影響個人判斷

最近的印象往往是最強烈的，可以沖淡在此之前這個人的諸多表現，這就是「近因效應」的麻煩之處，也難怪有時候一句話會傷了好友之間多年的和氣。

因此，當我們在看待和對待他人時，要避免受到「首因」和「近因」的擺佈。在與人來往時，應該全面地瞭解他人的性格與情況，避免以片面的印象去判斷與下結論。

所謂「路遙知馬力，日久見人心」，判斷一個人應該要注意從長期

來考察。我們在他人面前的表現則要注意始終如一，不能憑著過去或近期的表現就有所懈怠。

事實上，如果你能夠將他人近期的異常表現視為以往的任何一件事，甚至是例外的一件事，就不會因「近因效應」而影響你的判斷。

心機備忘錄

發生衝突時，需確保一個讓衝突雙方都安全及獲得支持的場合，讓雙方放輕鬆，並能從過程中獲得幫助，別讓解決衝突的過程變成批鬥大會，因為沒有人喜歡在批鬥自己的大會上待上三分鐘的。

10 複製對方的喜好來拉近距離

> 「如果你相信自己及自己所做的事，那麼你的能力會比不相信時還強上兩倍。」
>
> ——英國皇家王牌飛行員 鮑伯·寶（Bob Doe）

有一次，傑登在一家餐廳招待一位客戶，由於這次的合約對公司來說相當重要，加上初次見面，傑登顯得很緊張，對方也是，彼此之間的心理戒備和距離都很明顯。在招呼之後兩個人都顯得有些拘謹，傑登心裡不停地在找一個合適的話題，想打破這樣沉悶的氣氛，使交流能順利輕鬆地進行下去。

此時餐廳裡的電視正在直播NBA球賽，他發現客戶經常不時地瞄幾眼電視，便猜測對方應該是對球賽感興趣，盡管傑登對NBA沒什麼特別興趣，但他還是和客戶聊起NBA的比賽，並請教了幾個專業問題，結果這意外成為了他們之間的好話題。

在接下來的幾個小時內，他們彷彿成為了有著「共同興趣」的老朋友，氣氛非常輕鬆，最後他順利地拿到了預期中的合約。

從這個商場上的例子來看，很明顯地，在人際關係中想要讓對方接受你的觀點或意見，首先就要讓對方將你看成是和自己一樣有著共同價值觀或者相同興趣的人。

心理實驗

俄國的心理學家納季拉什維利提出了「名片效應」（Calling Card Effect），指出當兩個人來往時，如果首先表明自己與對方的態度和價值觀相同，就能使對方感覺到你與他有更多的相似性，進而在短時間內促成彼此人際關係的建立，讓對方更願意與你接近，以邁向和諧的社交關係。

例如，戰國策裡的《觸龍說趙太后》，大臣觸龍就是利用「名片效應」說服了趙太后。

最初，趙太后堅決不肯讓愛子長安君去做人質，在觸龍和太后寒暄之後，便透過趙太后「走後門」替自己的兒子找工作，使得趙太后很感興趣：「男人亦愛憐其少子乎？」（男人也是特別疼愛自己的小兒子嗎？）

觸龍說：「甚於婦人。」（比女人更疼愛呢。）

太后又說：「婦人益甚。」（女人疼愛小兒子才更強烈呢。）

其實，男人與女人誰更愛孩子並不重要，重要的是，趙太后已經認為觸龍和自己都是愛孩子的人，也就更容易接受觸龍提出的建言了。

「名片效應」引自於人們日常生活中經常使用到的名片，在這裡，有意識、有目的地向對方表明自己的態度和觀點與其相同，更能幫助你與對方更快打成一片。

原 理 分 析

「名片效應」中所說的名片，並非我們在初識場合用來進行自我介紹的小卡片，而是為了**表明自己與對方在人事、經歷、態度、價值取向的相同或相近，藉此得到對方對自己的認同，進而縮短彼此之間的心理距離、結成良好的人際關係**的一種做法。

為了提高說服的效果，把自己要說服的主題「編排」到另外一些能

為被說服者所接受的觀點中，這樣就能使被說服者產生一種印象——說服者的觀念與自己是相近的，對方與自己有許多共通點。

這種印象有助於造成說服雙方意見一致的情境，使說服者感到說服者是一個他們能接近的、親切的人，進而使被說服者不知不覺、毫無反感地接受說服者的觀點。

俗話說：「不打沒有準備之仗。」

如果能在與他人相見之前，就對對方的興趣、習慣等個人資訊有全面的瞭解，並能結合具體問題，運用正確且有禮的迂迴說服方法，就能在短時間內獲得他人的好感，讓對方對你刮目相看。

因為直接向別人介紹自己是一種自我展示的機會，但卻不一定能讓對方對你印象深刻；在他人面前直接說出自己的優點，雖能證明你的膽量與自信，但卻容易給人留下驕傲的印象。

如何才能讓對方欣賞你、接納你，心甘情願地和你來往，此時就可以運用「心理名片」，迂迴地拉近彼此距離。

然而，向對方介紹、展示自己並不是最重要的，最重要的在於能夠恰到好處地介紹自己、秀出自己，這才是人們做事情能成功的重要因素。

秀出自己這一點，不僅表現在人際關係中，動物群體中的表現同樣明顯。孔雀以美麗著稱，特別是雄性孔雀，為了贏得雌性孔雀的注意，牠們經常會將色彩絢麗的羽毛展現出來，如此不僅能贏得雌性孔雀的傾心，也能引來人們的驚嘆。

在生活中，若能按照他人的需求適當「開屏」的人，同樣也是美麗、聰明的，他們也更容易成功，因為他們能夠在短時間內，透過與對方相似的興趣、觀點、好惡、意見，來激發對方內在的熱情，此時如果他們再將自己內在最優秀的一面展示給對方，則更能引起他人的關注和重視。

「做名片」前先觀察對方的好惡

首先，「做名片」之前要先觀察出對方的好惡，要能捕捉對方的資訊，把握真實的態度，尋找對方積極的、你也能接受的觀點，以製作有效的心理名片。

這也就是說，當你對想要往來的人進行交談之前，需要先瞭解對方的喜好或價值觀，然後在交際的時候讓對方感受到你與他的價值觀很相近，那麼無形之中你們的心理距離就會拉近，此時再將你的想法或觀點提出來，對方也會比較容易接受。

「遞名片」前先出示自己根據「名片」打造出的形象

其次，透過言語或行動，表明自己與對方的態度和價值觀相同，這能夠讓對方感覺到你們之間有更多的相似性，縮小對方與你的心理距離，表現出更喜歡你、更願意接近你的意願。

接著就是「遞名片」，要能尋找時機，恰到好處地向對方出示自己根據「名片」打造出的形象，這樣，你就可以達到目標。此種做法對於人際交往的幫助有很大的實用價值。

重點：讓對方萌生似曾相識的印象

很多人對於做到這一點覺得很困難，不知道如何下手，然而事實上並沒想像中那麼複雜。

這需要你在第一次見到對方的時候，依照對方的性格特色、個人喜好來展示、介紹自己，向其傳播一些他們能接受並且熟悉的觀點或思想，以獲得心理上的共鳴。

　　具體的操作方式是，在與對方初次交談或者開始來往的時候，先向他們傳播一些他們所能接受的，同時是熟悉和喜歡的話題或想法，把自己的觀點、想法、意見加入在這些觀點中，重新組織成對方喜歡的言詞、語調，讓對方產生一種似曾相識的印象，就會使對方感覺到你與他有更多的相似性，進而很快地縮小與你的心理距離，更願意和你接近。

展露出你的真誠與權威

　　值得強調的是，「名片效應」的實質是說服者的「真誠」與「權威」，這種真誠與權威使受說服者對說服者產生了無限的信任，甚至盲目的迷信，以至於不加思索地便接受了說服者的觀點。

　　然而如果一個缺乏真誠的、權威的說服者運用了這種心理名片，其效果就會走向負面。

　　說到底，「名片效應」就是一種交流的學問，目的就在於消除他人的防範心理，疏通與對方溝通的心理渠道，使雙方形成輕鬆友好的溝通氛圍。

　　無數的事實都證明：在人與人的交往中，能不能恰當地使用「名片效應」，其交往效果是大不相同的，你應該學習正確的「名片效應」使用方式。

心機小練習

（改寫句子，以符合本篇主旨）

客戶非常不喜歡赴約的人遲到。

話題可以從 --- 開始

新認識的朋友有潔癖，家裡總是一塵不染。

話題可以從 --- 開始

心機備忘錄

memo

　　人們真正記得的，其實不是你說了什麼，而是你讓他們感受到了什麼。

11 溫暖比嚴寒更深刻於心

「說苦難能使人格得到昇華，這是不確實的；幸福有時倒能做到這一點，而苦難常會使人心胸狹窄，產生復仇的心理。」

——英國現代小說家 威廉·毛姆（William Somerset Maugham）

中國著名的教育家陶行知先生在擔任一所小學的校長時，看到一名男孩用泥塊砸班上的同學，便當場制止了他，並要他放學後到校長室報到。

放學後男孩已經等在校長室準備挨罵了，沒想到陶行知卻拿出了一顆糖果送給他，並說：「這是獎勵你的，因為你準時來這裡，而我卻遲到了。」男孩驚訝地接過糖果。

隨後陶行知又拿出了一顆糖果放在他手上，說：「這顆糖果也是獎勵你的，因為當我要你不要再打人時，你立刻就住手了，這說明你尊重我。」男孩聽了更驚訝了，眼睛睜得大大的。

接著，陶行知又拿出了第三顆糖果塞到男孩手裡，說：「我調查過了，你用泥塊砸那些男生，是因為他們不遵守遊戲規則，欺負女生。你砸他們，表示你是正直善良的，有和壞人對抗的勇氣。」

男孩很感動，流著眼淚說：「陶校長……你打我兩下吧，我還是錯了，我砸的不是壞人，是自己的同學……」

陶行知聽了滿意地笑了，接著說：「你還能正確地看待自己的錯誤，我

再獎勵你一顆糖果，可惜我只剩這顆糖果了，糖果沒了，那我們的談話也差不多了。」拿著糖果離開校長室的男孩，此刻的心情可真是此生難以忘懷。

如果我們給砸泥塊的學生一個處分，後果可能是男孩得到了一次教訓，然而日後也許會自暴自棄，成了一個不敢有所作為的平庸者。

心理實驗

南風法則（South Wind Law），源於法國作家拉封丹（Jean de la Fontaine）寫過的一篇寓言：

北風和南風比起誰的威力大，看誰能把行人身上的大衣脫掉。於是，北風先來一個凜冽刺骨的冷風，結果行人反而把大衣給裹得緊緊的；而南風徐徐吹動，頓時風和日麗，行人覺得太陽出來了，便開始解開鈕釦，接著脫掉大衣，最終南風獲得了勝利。

在人們的觀念中，北風似乎威力更強大，但是為什麼最後輸了？

原因就在於南風採取的是「軟」的手段，而北風則採取了「硬」的手段，使人們產生抵觸心理，其關鍵必然在於「溫暖勝於嚴寒」。

原理分析

「南風法則」也叫做「溫暖法則」、「溫暖效應」，在南風法則的寓言故事中，北風遵循著慣性思維，只想一舉吹掉行人身上的大衣，結果無功而返；南風則善於依勢而動，不是盲目地想吹下行人大衣，而是讓行人感覺溫暖，然後自己脫掉大衣，結果如願以償。

「南風法則」告訴我們：溫暖勝於嚴寒。若運用到管理實踐中，古語則云：「得民心者得天下」，只有真正俘虜了員工的心，員工才會為企

業的發展死心塌地的工作。

若在企業管理中多點人情味，少些銅臭味，管理者多尊重和關心下屬，經常以下屬為本，多點「人情味」，多注意解決下屬日常生活中的困難，使下屬真正感受到管理者給予的溫暖。

如此，下屬出於感激就會更加努力積極地為企業工作，維護企業的利益。此舉有助於培養員工對企業的認同感和忠誠度，而企業在競爭中就能無往而不勝。

在客戶方面也是一樣，俗話說：**「良言一句三冬暖，惡語傷人六月寒」，有時懷柔政策更勝於激烈對抗**。正因企業經營的核心是客戶，必須把客戶放在第一位，用和煦的春風吹化客戶心中的堅冰，才能得到客戶的信任和支持，也才能收到事半功倍的效果。

🔍 運用「南風法則」的溫情管理

美國心理學家馬斯洛（Abraham Harold Maslow）的需要層次理論（Maslow's hierarchy of needs）告訴我們，人類最高層次的需求就是得到「愛和尊重」，人人都希望得到他人的肯定與欣賞，得到社會積極與肯定的評價。

「溫情管理」對企業人力資源管理具有重大意義，首先，溫情管理能夠滿足員工得到愛和尊重的需要，培養員工對企業的深厚感情。同時能夠增加員工對公司的忠誠，溫情管理讓每個人的真正能力和工作表現得以充分顯現，並且親密無間的關係還帶來了在瞭解彼此的「需求和計劃」的過程中所需要的高度互動。

這種支持和自我克制的團體促進了相互信任，和諧的目標和坦率的態度排除了欺騙的恐懼和欲望。

溫情管理也為員工營造了一種和諧的工作氛圍，讓員工感受溫馨，增進了企業內部的信任感，同時也增加了員工對公司的忠誠度。

「南風法則」運用在人資管理的四步驟

企業實行溫情管理，就必須尊重、關心和信任員工，讓員工感受到企業給予的溫暖，感受管理者的溫情。「南風法則」啟示企業在人才培養和培訓方面，要具有戰略眼光，放眼未來。以下提供四個步驟供參考：

（1）尊重員工：從某種意義上來說，人性最深刻的原則就是希望他人對自己加以賞識。美國心理學家威廉‧詹姆士（William James）說過：「人類本質中最殷切的需求是渴望被肯定。」

管理問題從根本上來說是人的問題，只有尊重每一位員工，尊重每一位員工的價值和貢獻，才能充分發揮他們的積極性。

具體說來，企業的工作安排、制度設計、環境布置以及管理者的語言態度方面要堅持以人為本，不僅要尊重員工的人格尊嚴，維護員工的面子，而且要尊重員工的合法權利，重視員工的勞動成果。

（2）因材施用：作為管理者，要知道每個下屬的長處和短處，並且識長中之短，短中之長，如此才能做到知人善任。

在任何組織中，人的行為都是互相影響、互相制約、互相適應的，因此，管理者在運用人才時，既要重視個體成員的素質水平，也要注重群體的素質結構。事實上，組織中的全才是極其罕見的，絕大多數人都是「偏才」，但是，如果「偏才」組合得好，形成合理的群體素質結構，那麼不僅能夠使每個成員充分發揮潛能，結合成真正的全才，而且能夠減少

組織消耗，產生規模效應。

（3）**關心員工：**關心員工是實施溫情管理、調動其積極性的重要方法。優秀的企業管理者不僅關心員工的工作，也關心員工的生活；不僅要關心員工的現狀，並且要關心員工的發展，既要在平時關心理解員工，更要在關鍵時刻幫助員工。

員工或其家人生病了，上司要及時探望、准假或適當減輕其工作負荷；員工家庭遭遇不幸，上司要及時予以救濟，以解燃眉之急，解除員工的後顧之憂。

（4）**信任下屬：**信任是凝聚組織的共同價值觀與共同願景的關鍵。一個缺乏信任的組織，其成員之間必然心存芥蒂，團隊的能量就會被不斷消磨，耗費的成本就會更多。

同樣地，高明的上司應當從內心深處信任員工，給下屬一個充分發揮的空間，鼓勵下屬按自己認為對的方式去做。

美國通用電氣的CEO傑克·威爾許（Jack Welch）的經營最高原則是，「管理得少」就是「管理得好」，這是管理的辯證法，也是管理的一種最理想境界，更是一種企業謀略。

一般的錯誤教育觀念

（1）**機械式順從：**在教育方法上，採用單一的灌輸模式。以盛氣凌人的說教姿態，使受者只是機械地順從。

（2）**重IQ，輕EQ：**只注重受教育者的智育發展，忽視學生的情感方面，而沒有情商的發展並不是全面的發展。

（3）**重群體化教育，輕個體化教育：**過度注重培養統一的標準化的人，而忽視受教者的個體差異和個性發展。不能很好地把握各個受教育者

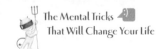

的性格特色，使受教育者感受不到「南風」的吹動，從而影響了兩者的互動和教育效果。

🔍 「南風法則」在教育上的運用

（1）**無私熱情**：熱愛教育者，就要深入到學生的內心深處，關心、瞭解他們的實際需求，幫助解決實際困難、化解不良情緒，以無私的關懷，激發學生積極向上的情感，從而戰勝生活中的各種困難。

（2）**建立尊重與平等關係**：尊重學生，教育成功的祕訣在於尊重受教育者。要尊重他們的人格，不無端地指責，更不能諷刺挖苦，傷害他們的自尊心。

（3）**滿懷期望**：相信每個人都可以發展成才，多一些鼓勵，少一些打擊；多一些讚揚，少一些責備，充分發揮每個人的潛能，才能培養有創新能力和獨立個性的全面發展的人才。

心機備忘錄

如果你讓自己覺得「看到某個人的時候會很開心」，那麼他也一定會用同樣的方式來對待你。也許你第一次嘗試這個方法時可能會感到有些困窘，但熟能生巧，你會漸漸享受這種開心的感覺。

12 距離使彼此減少痛感

法國前總統戴高樂（Charles André Joseph Marie de Gaulle）有一個座右銘：「保持一定的距離」，這也深刻地影響了他和顧問、智囊團和參謀們的關係。

在他十多年的總統歲月裡，他的秘書處、辦公室與私人參謀部等顧問和智囊機構，沒有什麼人的工作年限能超過兩年以上。

他對新上任的辦公室主任總是這樣說：「我任用你兩年，正如人們不能以參謀部的工作作為自己的職業，你也不能以辦公室主任作為自己的職業。」這就是戴高樂的規定。

此一規定出於兩種原因：一是，在他看來，調動是正常的，而固定是不正常的。這是受部隊做法的影響，因為軍隊是流動的，沒有始終固定在一個地方的軍隊。二是，他不想讓「這些人」變成他「離不開的人」。這表明戴高樂是個主要靠自己的思維和決斷而生存的領袖，他不容許身邊有永遠離不開的人。

只有調動，才能保持一定距離，而唯有保持一定的距離，才能保證顧問和參謀的思維和決斷具有新鮮感和永遠充滿朝氣，也就能夠杜絕年長日久的顧問和參謀們利用總統和政府的名義營私舞弊的情況。

生物學家為了研究刺蝟在寒冷冬天的生活習性，便做了一個實驗：

他們將十幾隻刺蝟放到戶外的空地上，這些刺蝟被凍得渾身發抖，為了取暖，牠們只好緊緊地靠在一起，但在互相靠攏之後，又因為忍受不了彼此身上的長刺，很快地又各自分開了。

不過天氣實在太冷了，牠們又靠在一起取暖。然而，靠在一起時的刺痛使牠們不得不再度分開。

挨得太近，身上會被刺痛；離得太遠，又凍得難受。

就這樣反反覆覆地分了又聚，聚了又分，不斷地在受凍與受刺之間掙扎。最後，刺蝟們終於找到了一個適中距離，牠們既可以相互取暖，又不至於被彼此刺傷。「刺蝟法則」強調的就是人際交往中的「心理距離效應」。

原理分析

「刺蝟效應」（Hedgehog Effect）是源自於一個刺蝟實驗，這也可以稱作人際交往中的「心理距離效應」。

每個人在人際交往的過程當中都有各自不同的相處方式，有人崇尚「距離就是美」，總是與朋友保持著彼此霧裡看花、君子之交淡如水的狀態；但有人卻是喜歡黏膩的感情，不容許對彼此有任何的隱瞞。

有句名言：「距離產生美。」事實上，現實生活中人與人之間也總是保持著一定的空間距離和時間距離。陌生人之間一般會保持一個手臂以上的空間距離，否則會構成對別人的壓力，這種現象在心理學上叫做「空間侵犯」。

而人們做事情有時喜歡遲到、早退、拖拖拉拉，有時過急、有時過

慢，這種現象在心理學上就叫做「時間侵犯」。

然而，**每個人都有自己的隱私領域，人們對於這個領域的保護意識很強烈，若過度的暴露，或者有人侵犯到這個抽象的個人空間時，立刻就會讓他感受到威脅性與不安全感。**

但這樣的隱私領域範圍的大小因人而異，即使是認識多年的朋友、親密的情侶關係，都應該要讓彼此保留各自的隱私空間，不隨便打聽與過問，更不要用「你不跟我說的話就是不信任我！」這種威脅性的話去逼問對方，即使你認為自己是毫不保留地暴露在對方面前，但這並不表示對方也願意這麼做，這種過度靠近對方的行為，非常容易讓人感受到壓迫感。

因此，「距離」是人際來往時一種十分巧妙的關鍵，只要能夠掌握好分寸，那麼無論是友情或愛情，都能保持在一種絕妙的平衡下。

「刺蝟法則」的管理實踐運用

領導者如要做好工作，就應該與下屬保持親密關係，但這是「親密有間」的關係，是一種不遠不近的恰當合作關係。

與下屬保持心理距離，可以避免下屬的防備和緊張，可以減少下屬對自己的恭維、奉承、送禮、行賄等行為，也可以防止與下屬稱兄道弟、吃喝不分。這樣做既可以獲得下屬的尊重，又能保證在工作中不喪失原則。

一個優秀的領導者和管理者，要能做到「疏者密之，密者疏之」，這才是成功管理之道。

組織結構不同，應有不同距離

對企業內部的管理來說，不同階段應有不同的距離。

一般在企業初創階段，組織結構相對簡單，企業以生存為首要目的，一起創業的團隊，無論老闆還是員工都能做到並肩作戰，同甘共苦，相互之間忽略了層級和距離，甚至無話不談。

當企業進入平穩的發展階段後，員工人數增加，企業運作也將趨於規範化，此時的組織結構也必將隨之調整，原來無話不談的同事也開始因為在企業中分工不同而有不同的立場，員工與員工之間的交流因為受不同職位的要求或者各自部門利益的驅使，過程變得相對複雜。

成熟的組織對員工職業化的要求更高一些，宣導員工之間更專業、職業化的交流與溝通，彼此的距離更加拉大。

「刺蝟法則」的愛情運用

成天在一起，很容易讓婚姻走向平淡的日復一日。婚姻在最初一、二年內大多都充滿著愛情，此後便進入漫長的平淡期、厭倦期，甚至厭惡期、對立期。

從心理學的角度上來看，婚姻是要考慮雙方的空間距離和心理距離的。距離太近，原先的吸引力會變成排斥力；距離太遠，原先的吸引力就會失去「吸引」作用。所以，婚姻關係從某種意義上看，也可以說是一種距離關係。

當然，這種距離的大小是因人而異的。就某兩個人的具體婚姻來看，這種距離也應是動態的，意即應該時而大時而小，一定的距離和動態的距離才能使婚姻產生最大的吸引力。

因此，解決平淡婚姻的辦法是分別適當拉大距離和縮小距離，其中

包括了心理距離。找「小三」固然能減弱平淡感，但卻很容易加速惡化婚姻危機。兩個人的關係太好或太糟，其實是簡單的道理：距離太近或太遠。

教育中的「刺蝟法則」運用

在課堂中，有些老師喜歡一直站在講台上講課。其實，從心理學的角度看，這種上課的位置不一定利於保持良好的課堂紀律。

我們經常會發現，一些學生聽課時精神不夠集中，他們說話、做小動作、東張西望。

這些學生一般離老師的位置都比較遠，如果老師走下講台，站到離這些調皮學生比較近的位置，適度「侵犯」他們的空間，給他們心理造成壓力，他們就會有所畏懼而集中精神聽講，從而保持良好的課堂氣氛。

我們還應該瞭解，對不同的學生應該保持不同的空間距離。

對那些自覺性高、成績優秀的同學，我們可以利用師生感情較為親近的因素，拍拍他們的肩膀，和他們親切地交談，引導他們努力學習；而對那些怕生的同學，則要保持相對較大的距離，讓他們有一個比較寬鬆的心理環境，從而提高學習效率。

銷售中的「刺蝟法則」運用

在各種促進買賣成交的提問中，「刺蝟法則」是很有效的一種。特色就是你用一個問題來回答顧客提出的問題，你用自己的問題來控制你和顧客的洽談，將談話引向銷售程序的下一步，同時始終保有距離。

一般來說，提問要比介紹好，但要提有分量的問題並非容易。簡而言之，提問要掌握兩個要點：

（1）**提出探索式的問題：**以發現顧客的購買意圖，以及如何讓他們從購買的產品中得到他們需要的好處，從而就能針對顧客的需要為他們提供恰當的服務，使買賣成交。

（2）**提出引導式的問題：**讓顧客對你打算為他們提供的產品和服務產生信任。這裡的重點在於，由你告訴他們，他們會懷疑；讓他們自己說出來，就是真理。

心機備忘錄

memo

　　如果你想用一次的對話就能解決所有的問題，那麼一天下來，你會發現你一個問題都解決不了。因為多數時候我們要對「衝突點」抽絲剝繭，從一個小的衝突開始著手處理，那才會是最近、最快的道路。

13 不經意中犯點小錯更討喜

「沒有事情是好的或壞的，是想法使它如此。」
——英國戲劇家　威廉·莎士比亞（William Shakespeare）

你身邊有沒有那種完美的人，和他站在一起總會讓人感到相形見絀，心裡產生距離感？又或者是，你經常會覺得偶像劇裡的男女主角好美、好帥氣，全身上下找不出缺點，令人不免感嘆上天的不公平。

不過在戲劇結束後的NG花絮中，當你看到男女主角也像一般人一樣說話會吃螺絲、出糗，是否會讓你覺得男女主角很親切、很有人味呢？

天底下沒有一個完美的人，我們都在錯誤中成長，過去的軌跡成為今天的我們，我們不需要扮演一個完美的角色，事事不必要求盡善盡美，雖然我們得督促自己成為一個更好的人，但是另一方面也可以允許自己犯一些無傷大雅的小錯，因為這樣做，你可以更快拉近和別人的距離，使他們更喜歡接近你。

 心理實驗

一位著名的心理學教授阿羅森（Elliot Aronson）於一九六六年曾做過這樣一個試驗：

他把四段情節類似的訪談錄影分別播放給他準備要測試的實驗對象：

在第一段錄影裡，接受主持人訪談的是一位非常優秀的成功人士，他在自己所從事的領域裡面達成了很輝煌的成就。在接受主持人採訪時，他的態度非常自然，談吐不俗，表現得非常有自信，沒有一點羞澀的表情，他的精彩表現不時贏得台下觀眾的熱烈掌聲。

在第二段錄影中，接受主持人訪談的也是一位非常優秀的成功人士，不過他在臺上的表現有些羞澀，在主持人向觀眾介紹他所達到的成就時，他表現得非常緊張，竟然把桌上的咖啡杯撞倒了，而灑出來咖啡還將主持人的褲子淋濕了。

在第三段錄影中，接受主持人訪談的是一位非常普通的人，他不像前面兩位成功人士那樣有著不俗的成績，整個採訪過程中，他雖然不太緊張，但也沒有什麼吸引人的發言，一點也不精彩。

在第四段錄影中，接受主持人訪談的也是一位很普通的人，在採訪的過程中，他表現得非常緊張，和第二段錄影中一樣，他也把身邊的咖啡杯弄倒了，而且也淋濕了主持人的衣服。

當教授向他的實驗對象播放完這四段影片，讓他們從上面的這四個人中選出一位他們最喜歡的人和選出一位他們最不喜歡的人。

想知道測試的結果嗎？

最不受實驗者們喜歡的當然是第四段錄影中的那位先生了，幾乎所有的被測試者都選擇了他，但是奇怪的是，測試者們最喜歡的不是第一段錄影中的那位成功人士，而是第二段錄影中打翻了咖啡杯的那位仁兄，有高達九十五％的測試者選擇了他。

此種「出醜效應」又稱為「犯錯誤效應」（Pratfall Effect），是指才能平庸者固然不會受人傾慕，而全然無缺點的人也未必討人喜歡。

最討人喜歡的人物是精明而帶有小缺點的人，此種現象亦稱為「仰

巴腳效應」。

原理分析

從這個實驗中我們看到了心理學著名的「出醜效應」，舉例來說，對於那些獲得過突出成就的人，一些微小的失誤，例如打翻咖啡杯這樣的糗事，不僅不會影響人們對他的好感，相反地，還會讓人們從心裡感受到他很真誠，值得信任。

如果一個人表現得完美無缺，我們從外在看不到他的任何缺點，反而會讓人覺得不夠真實，恰好會降低他在別人心目中的信任度。因為一個人不可能是沒有任何缺點的，儘管別人不知道，他心裡對自己的缺點也可能是心知肚明的。

精明人若在不經心中犯點小錯，不僅瑕不掩瑜，反而使人意識到他具有和別人一樣會犯錯的缺點，讓人覺得親切，反而成為其優點，讓人更喜愛他。

「Pratfall」是英文中的俚語，意思是不小心摔個四腳朝天的姿勢，有時可能要跌個背脊著地，四腳朝天，所以，又稱為「出醜效應」。

生活中有不少完美精明的人。其實，這種完美往往是外在的「表演」，這樣就未必討人喜歡了。因為一般人與完美無缺的人交往時，總難免因自己不如人而感到惴惴不安，而最討人喜歡的是那些精明而小有缺點的人。

例如，學生眼中的老師，員工眼中的上司，民眾眼中的大官等。這些貌似完美無缺的人在不經意中犯個小錯誤，不僅瑕不掩瑜，反而讓人覺得他和大家一樣有缺點，就因為他顯露出平凡的一面而使周遭的人都感到了安全。

不論是在交友或是應徵工作時，為了讓初次見面的人留下好印象，我們總是盡量表現我們好的那一面，隱藏自己不好的缺點，並避免犯錯。

然而此實驗結果卻揭示了另一種觀點 —— 有時候犯點小錯其實無傷大雅，反而能增加他人對我們的好感。

暴露缺點能招致好感的原因

完美的形象有時候並不管用，反而會造成人與人之間的距離，若要讓他人喜歡我們，適時地表現出一些「缺陷美」是不錯的方法。

以下歸結了幾個暴露小缺點能招致好感的原因：

（1）人非聖賢孰能無過，真誠的人較受人喜愛，刻意經營的完美形象與現實狀況不符，容易讓人聯想到其背後的目的而增加距離感。

（2）在他人面前犯錯代表自己信任對方，願意承擔可能的風險及後果，因此可以拉近雙方的距離、讓人覺得較好相處、增加好感。

（3）可以帶來話題、放鬆現場的氣氛。

但這樣的現象僅適用於你的能力已受到他人重視，如果無法獲得別人尊重又在無意中犯下小錯，這無疑就是為自己設了一條死路，是前述實驗中被評估為最不受歡迎的對象。

管理者並非得高高在上

人們會更喜歡優秀且真誠、值得信任的人，如果一位一直令人尊敬的企業領袖人物當眾犯了一點小錯誤，想想如果你是他的下屬，你的感覺如何？會因為這個小失誤而對他的印象大打折扣嗎？

當然這一切發生的首要條件就是這個人本身需要非常優秀和值得尊敬，他至少應該留給別人非常好的第一印象，否則就會適得其反。

管理者們，如何讓員工更加崇拜你，並非得高高在上、做個完美無缺的人，有時犯點無傷大雅的小錯誤反而更可愛，如此能讓員工更信任你，更服從你。

「出醜效應」在教育上的運用

據研究發現，在其它條件基本相同的情況下，如果一個老師的能力越強，學生對其教學越有信任感，也會更喜歡這個教師。

學生認為老師能力強、教得好，自己就會「學得好」，產生老師於學生自己之間能力上一致化的聯想。這一點直接影響著學生的心理，但是，決定人際吸引的因素更多的是人的情感在發揮作用。

當能力強的老師偶爾出現錯誤，例如寫錯字、記憶錯誤，或者行為上有偏差時，往往會引起學生情感的奇妙變化，感受到教師更具有人格魅力，進而促進和諧人際關係的形成。

然而，「出醜效應」並不是在每個老師身上都能發生，只是能力強的老師才可能出現這種現象。

所以，老師要提高自己的人格吸引力，首先要提高教學能力，並力圖達到較高的水準。這時候，不管「犯錯誤效應」是否發生，老師都能樹立起較高的自我形象，學生的態度也隨之產生積極的變化。

別只是優秀：真誠面對自我

人為了因應社會期望而成為一個優秀有自信的人，就可能會把干擾優異表現的情緒壓抑下去，例如：緊張、焦慮，但是如果硬是壓下緊張的

情緒，就會和自己切割，會創造出另一個被忽略的自己。

　　所以當面對一些公開的演講場合時，你可以表明自己是個會緊張害羞的人，如果對方聽見了你真實的內在反應，反而會讓彼此更加放鬆。

　　藉由練習與自己的內在並存，而非時常地壓抑他們，對心理健康也有一定的好處，因許多心理研究已經證實，長期的壓抑行為可能導致心理與生理疾病。

　　除了適當的情緒宣洩，時時刻刻聆聽並接受自己內心的真實聲音更是至關重要的。

心機備忘錄

　　如果你很緊張，不妨嚼嚼口香糖來舒緩你的緊張，因為吃東西的時候，我們的大腦會認為「如果我們處於緊張的情境當中，是不會吃東西的」，所以大腦會感受不到緊張與危險，如此就可以幫我們保持冷靜了。

14 受喜愛，連缺點都成優點

「我們航行在生活的海洋上，理智是羅盤，感情是大風。」
——英國詩人　亞歷山大・蒲柏（Alexander Pope）

李聰明是個資優生，因此全校師生對於他會持刀傷人這件事簡直完全無法相信。其理由是「李聰明學習態度好、成績優異，他怎麼可能會去傷害人呢？」

在日常生活中，類似這種「無法相信」的現象所反映出的便是心理學中的「光環效應」，此一心理效應是指由於對人的某種品性或個性特徵有清晰的認知，印象較為深刻、突出，從而掩蓋了對這個人的其它品性或個性特徵的現象。

上述所說的無法相信李聰明竟然會持刀傷人，就是因為他平時表現良好，學業成績優秀的優點掩蓋了他的其它缺點所造成的心理錯覺。

而多數教師也會不同程度地受到此一心理效應的影響，產生對學生認知上的偏差。

例如，一個學生的學習成績好，就會被認為是一個聰明、靈敏、有創意的學生；如果學生假裝在學業上表現不好，例如，成績差或是愛講話，那麼往往就會被教師認為他的其它方面也都不行，一無是處。

心理實驗

「暈輪效應」（Halo Effect）又稱為「光環效應」、「光暈效應」、「月暈效應」，「暈輪效應」指人們對他人的認知判斷首先會根據整體印象，然後再從這個判斷推論出認知對象的其它品性，此效應會在一定的範圍內影響著日常生活。

這種現象早在一九二〇年即為美國著名心理學家桑代克（E.L. Thorndike）所發現。美國心理學家凱爾利（H. Kelley）和阿斯契（S. Asch）等人在印象形成的實驗中也證實了此種效應的存在。

一九七七年，社會心理學家尼斯伯特（Richard Nisbett）希望調查聽課的學生是如何評判講師的。

學生們被告知這是一項對於評價老師的研究，他們還特別被告知，實驗對於評價是否取決於學生和某一講師接觸的頻率多寡感興趣，但這純粹是一個謊言。

在實驗中，學生們被分為兩組，他們會分別看兩段關於同一位講師的不同影片，而這位講師正好有很重的比利時口音，這和實驗是很有關係的。

其中一組學生看了這位講師和藹而友好地回答了一系列問題的影片，第二組學生看了同一位講師用冷酷而疏遠的語氣回答了一系列問題的影片。實驗讓我們明確，到底哪一種人格是更討人喜歡的？

在其中一種人格中，講師顯得熱愛教學和學生；在另一種人格中，他看上去更像是一個完全不喜愛教學的權威人物。

在每組學生看完影片之後，他們被要求給這位講師的「外表」、「特殊語言習慣」，甚至還有他的「口音」打，而此特殊語言習慣在兩段影片中是一樣的。

與「光環效應」相一致，看到講師「和藹」形象的學生認為他更有吸引力，他的語言習慣更令人喜愛，甚至他的口音也更有魅力。

「光環效應」指在人際交互作用的過程中形成的一種誇大的社會印象，因而表現為在個體的社會知覺過程中，將對方的最初印象不加統整分析，就用來判斷、推論此人的其它特質。

亦即對於一個喜歡的人，會同時認為他具有其它所有好的特質，甚至你對他的這些特質一無所知，也是一樣。

原理分析

桑代克認為，人們對人的認知和判斷往往只從局部出發，接著擴散而得出整體印象，也就是常常以偏概全。

一個人如果被「判定」是好的，他就會被一種積極肯定的光環籠罩，並被賦予一切都好的標籤；如果一個人被「判定」是壞的，他就被一種消極否定的光環所籠罩，並被認為具有各種壞的標籤。

桑代克是第一個支持與研究「光環效應」的人，它是一種以偏概全的主觀心理臆測，是在人際交往中對一個人進行評價時，往往因對他的某一方面特徵，掩蓋了其它特徵，從而造成人際認知上的障礙。

在日常生活中，一個人表現好時，大家對他的評價遠遠高於他實際的表現；反之，一個人表現不好的時候，別人眼中所認為的差勁程度，也會遠大於他真正差勁的表現。

就像我們看到的月亮大小，其實並不是實際上月亮的大小，而是包含了月亮的光暈。當一個人留給他人的印象是「優秀」時，人們就會把他的言行舉止用「優秀」的角度去解釋；相反地，若一個人給人「差勁」的印象時，那麼，一切不好的看法都會加諸在他身上，也就是以偏概全。

　　「光環效應」往往是在個人掌握有關知覺對象的訊息很少，而又要做出整體判斷的情況之下，產生以偏概全的效應，它實際上是個人主觀推論的泛化與擴張，造成了過高或過低評估的失真現象。

「光環效應」衍生的常見三種概念

　　（1）**以偏概全（Hasty generalization）**：例如管理者在做考核時，僅根據某一方面員工表現較差的部分，而做出整體績效表現不佳的考核結果。

　　（2）**投射作用（Projection Effect）**：例如管理者在做考核時，將自己的特質歸於他人身上，認為某人特質與自己相像，一定也很優秀。

　　（3）**刻板印象（Stereotypes）**：是指個人對他人的看法往往會受到他人所屬社會團體的影響。

「光環效應」的深層形成原因

　　「光環效應」的形成原因與人類知覺當中的整體性有關。人在知覺客觀事物時，並不是對知覺對象的個別屬性或部分單獨地進行感知，而總是傾向於把具有不同屬性、不同部分的對象知覺為一個統一的整體，這是因為知覺對象的各種屬性和部分是聯繫成一個複合物。

　　例如，閉著眼睛，只聞到鳳梨的氣味，或者只摸到鳳梨的形狀，腦海中就形成了有關鳳梨的完整印象，因為我們的過去經驗彌補了鳳梨的其它特徵，如顏色（綠色）、滋味（酸甜的）、觸感（刺的）等等。

　　由於知覺的整體性作用，知覺客觀事物時就能迅速而明瞭，而用不

著逐一地知覺每個個別的屬性。

🔍 性格特色上的「光環效應」

性格上的「光環效應」特別明顯，例如，熱情的人往往對人比較親切友好，富於幽默感，肯幫助別人，容易相處；而「冷漠」的人較為孤獨、古板，不願拜託人，比較難相處。

如此，對某人只要有了「熱情」或「冷漠」的一個特徵，我們就會自然而然地去補足其它有關聯的特徵。

另外，就人的性格結構而言，各種性格特徵在每個人身上總是相互連結、相互制約的。例如，具有勇敢正直性格特徵的人，往往在處世待人上還表現出敢作敢當；而一個自私自利，具欺善怕惡性格特徵的人，則會在其它方面表現出虛偽陰險，這些特徵也會在表情和行為舉止上反映出來。

於是，人們既可從外表知覺內心，又可從內在性格特徵泛化到對外表的評價上，這樣就產生了「光環效應」。

🔍 避免「光環效應」的方法

為了避免光環效應的影響，我們可以做以下的改進：

（1）隨機法：將評量表中正面或負面的評定順序以隨機的方式排列，可以減少評定者的光環效應。

（2）多種評定法：使用評量表時，盡可能結合幾個人的評定結果，若干評定者的評定結果比單一評定者的評定結果可靠，因為結合在一起可以彼此抵銷個人評定的偏差。

（3）避免印象法：閱卷時避免先看考生（面試者）的姓名，以免因

為對對方印象的好壞而影響評分的客觀性。

　　（4）水平評定法：例如，題目有五題時，先評閱所有人的第一題答案，然後評閱第二題，依此類推。

心機小練習　　　　　　　　　（改寫句子，以符合本篇主旨）

1.傑夫總是沉默寡言，感覺他私底下也很難相處。

也不盡然，說不定 --

2.雅惠做事很認真，她一定每件事都做得很好。

也不盡然，說不定 --

心機備忘錄　　　　　　　　　　　　　memo

　　在面試時，你可以告訴自己「我已經認識這些人很久了，我們是老朋友，只是和老朋友見個面，我迫不及待地想見到他！」想想那些與朋友相處的時光，握手、眼神交流、談話，還有什麼是你迫不及待想告訴他的呢？大方地站著，雙腿放輕鬆，坐著時，則把手放在大腿上，打開肩膀，然後微笑。

掌控心理篇

The Mental Tricks
That Will
Change Your Life

俄羅斯心理學家巴甫洛夫認為,暗示是人類最簡單、最典型的條件反射。從心理機制上來說,它是一種被主觀意願肯定的假設,不一定有根據,但因為主觀上已肯定了它的存在,心理上便會竭力地趨向這項結果。

15 期望的影響產生激勵作用

> 「大多數人是保守的,不輕易相信新事物,但卻能容忍現實中的眾多失敗。」
>
> ——蘇格蘭作家 托馬斯·卡萊爾(Thomas Carlyle)

你有過這樣的經驗嗎?本來穿了一件自認為很漂亮的衣服去上班,結果幾個同事都說不適合。當第一個同事說的時候,你可能還覺得只是她的個人看法,但是當說的人多了,你就會開始懷疑自己的審美眼光了。於是到了下班,你回家之後做的第一件事情就是將衣服換下來,並且決定再也不穿它出門。

其實,這只是一種心理暗示在發揮作用,暗示作用往往會使他人不自覺地按照一定的方式行動,或者不加批判地接受一定的意見或信念。

可見,暗示在本質上,是人的情感和觀念會不同程度地受到別人下意識的影響。

心理實驗

一九六〇年,哈佛大學的心理學家羅森塔爾博士(Robert Rosenthal)曾在加州一所學校進行過一個相當著名的實驗:

新學期時,校長對兩位教師說:「根據過去三、四年來的教學表現,你們是本校最好的教師。為了獎勵你們,今年學校特地挑選了一些最

聰明的學生給你們教。記住,這些學生的智商比同齡的孩子都還要高。」

校長再三叮嚀,要像平常一樣教導他們,不要讓孩子或家長知道他們是被特意挑選出來的。於是這兩位教師非常高興,更加努力教學了。

結果一年之後,兩個班級的學生成績是全校當中最優秀的,甚至比其它班學生的分數高出好幾倍。

知道結果之後,校長不好意思地告訴這兩位教師真相——他們所教的這些學生智商並不比別的學生特別高。這兩位老師哪裡會料到事情的真相是這樣的,只得慶幸是自己教得認真了。

隨後,校長又告訴了他們另一個真相:他們兩位也不是本校最好的教師,而是在教師中隨機抽出來的。

研究者認為,這就是由於教師期望的影響。由於教師認為這個學生是天才,因而寄予他更大的期望,在上課時給予他更多的關注,透過各種方式向他傳達「你很優秀」的資訊。而學生感受到教師的關注,因而產生一種激勵作用,學習時加倍努力,因而獲得了好成績。

這種現象說明**教師的期待不同時,對學生施加影響的方法也會不同,而學生受到的影響就更加不同**。因此借用希臘神話中出現的主人公的名字,心理學家羅森塔爾便將此效應命名為皮格馬利翁效應(Pygmalion Effect)。

原理分析

皮格馬利翁是古希臘神話中的賽普勒斯國王。相傳,他性情孤僻,一人獨居,擅長雕刻。他精心地用象牙雕塑了一位美麗可愛的少女,並取名為加勒提亞。他給加勒提亞穿上美麗的長袍,並且擁抱它、親吻它,他真誠地期望自己的愛能被「少女」接受。

他和雕像久久相伴，將全部的熱情和希望放在自己雕刻的少女雕像身上，但它依然是一尊雕像。

皮格馬利翁感到很絕望，他不願意再受這種單相思的煎熬，於是，他帶著豐盛的祭品來到維納斯的神殿向她求助，他祈求女神能賜給他一位如加勒提亞一樣優雅、美麗的妻子。他的真誠期望感動了維納斯，女神決定幫助他。

皮格馬利翁回到家之後，走到雕像旁，凝視著它。

此時，雕像發生了變化，它的臉頰慢慢地呈現出血色，它的眼睛開始釋放光芒，它的嘴唇緩緩張開，露出了甜蜜的微笑。

加勒提亞向皮格馬利翁走來，她用充滿愛意的眼光看著他，渾身散發出溫柔的氣息。不久，加勒提亞開始說話了。

後來，皮格馬利翁娶她為妻，他們的女兒帕福斯是賽普勒斯南部海岸同名城市的始祖。

「皮格馬利翁效應」也譯為「畢馬龍效應」、「比馬龍效應」，由美國心理學家羅森塔爾和雅格布森在小學教學上予以驗證提出，所以也稱為「羅森塔爾效應（Robert Rosenthal Effect）」，或者是「期待效應」。

「皮格馬利翁效應」運用在管理上

在我們的工作過程中，管理者對於員工的期許能發揮非常大的作用。在這種效應的影響下，員工可能給予管理者積極的反饋，按照上司的期望行事，並在最終得到成果。

但是，「皮格馬利翁效應」也有其負面反應。舉例來說，當管理者對某個員工的表揚和鼓勵少於對其它員工的表揚，卻沒有明確指出為何受表揚的細節時，那麼，管理者對員工的期許就不會那麼有效，可能還會引起反作用。

破除過去不良期望的影響

曾有對少年犯罪的研究表明，許多孩子成為少年犯的原因之一，就在於過去不良期望的影響。

他們因為在小時候不小心犯過的錯誤而被貼上了「不良少年」的標籤，這種消極的期望引導著孩子們，使他們越來越相信自己就是「不良少年」，最終走向犯罪的深淵。

而周遭人對孩子的愛、關懷和期望，可以有效地影響孩子的教育效果。

在學校教育中表現得特別明顯，受老師喜愛或關注的學生，在一段時間內學習成績或其它方面都會有很大進步；而受老師漠視，甚至是歧視的學生就有可能從此一蹶不振。

積極的期望促使人們往好的方向發展；消極的期望則使人往壞的方向發展。人們經常用這樣來生動地說明皮格馬利翁效應：「說你行，你就行；說你不行，你就不行」。要想使一個人發展更好，就應該傳達積極的期望給他。

「皮格馬利翁效應」運用於團隊精神的培養

在現代企業裡，即使是在強者生存的競爭性工作團隊，「皮格馬利翁效應」不僅傳達了管理者對員工的信任和期望，還更加適用於團隊精神

的培養。

因人類本性中最深刻的渴求就是讚美，一個人只要能被期待和肯定，就能得到期望中的效果。管理者應該且必須賞識你的下屬，要把賞識當成下屬工作中的一種需要。

古人說的「用人不疑」也就是這個道理，任用他，就應該相信他的能力，傳達給他一種積極的期望。

讚美下屬也會使他們心情愉快，工作更加積極，用更好的工作成果來回報你，如此何樂而不為呢？

期望和讚美能發生奇蹟

你期望什麼，就會得到什麼，你得到的不是你想要的，而是你期待的。只要充滿自信的期待，只要真的相信事情會順利進行，那麼事情一定會順利進行；反之，如果你相信事情不斷地受到阻力，那麼這些阻力就會產生。

成功的人會培養出充滿自信的態度，相信好的事情會一定會發生，這種稱為積極期望的態度是贏家的態度。

事前就期待你一定會贏，並且堅守這種看法。因此，只要你充滿自信的期待，即使你期待時所持有的籌碼是不夠好的，你仍然會得到你所期望的結果。

在生活中，有著父母親的期望、老闆的期望，自己對別人的期望，特別是對兒女、對配偶、對同事、部屬的期望，以及對自己的期望，這些都是對生活是否愉快有著重大影響的期望。

假如你對自己有著極高且積極的期望，每天早上對自己說：「我相信今天一定會有一些很棒的事情發生」。那麼這個練習就會改變你的整個

態度，使你在每一天的生活中都充滿了自信與願景。

當你懷抱著對某件事情非常強烈的渴望的時候，所期望的事物就會發生、達成。對一個人傳遞積極的期望，就會使他進步得更快，發展得更好；反之，向一個人傳遞消極的期望則會使人自暴自棄，放棄努力。

心機小練習

（改寫句子，以符合本篇主旨）

明天要進行新企劃的提案。

我相信 _____

_____

這個月的業績標準非常高。

我一定 _____

_____

心機備忘錄

memo

自信心的關鍵就是當你走進一個房間時，先假設每一個人都很喜歡你。

16 引入強者，激發弱者變強

> 「對我而言，生存是處理困難、環境，並克服它們的能力。」
>
> ——前南非總統 納爾遜·曼德拉（Nelson Mandela）

有一次，日本的本田公司（Honda）對歐美企業進行考察，發現許多企業的員工基本上由三種類型組成：一是不可缺少的將才，約占二成；二是以公司為家的勤勞人才，約占六成；三是終日東摸西摸，拖企業後腿的蠢材，約占二成。

而本田公司的員工當中，缺乏進取心和敬業精神的員工也許還要多些。那麼如何使前兩種人增加，使其更具有敬業精神，而使第三種人減少呢？

如果對第三種類型的員工實行完全淘汰，一方面會受到工會方面的壓力；另一方面又會使公司蒙受損失。其實，這些人也能完成工作，只是與公司的要求與發展相距遠一些，如果全部淘汰，這顯然是行不通的。

後來，本田先生決定進行人事方面的改革。

他首先從銷售部入手，因為銷售部經理的觀念與公司的理念相距太遠，而且他的守舊思想已經嚴重影響了他的下屬。必須找一個新人來，盡早打破銷售部只會維持現狀的沉悶氣氛，否則公司的發展將會受到嚴重影響。

經過周密的調查和嘗試，本田先生終於將松和公司銷售部副經理、年僅三十五歲的武太郎挖了過來。

武太郎在接任本田公司的銷售部經理之後，憑藉著自己豐富的市場營銷經驗和過人的學識，以及驚人的毅力和工作熱情，受到了銷售部員工的讚賞，員工們的工作熱情被極大地激勵起來。公司的銷售開始出現了轉機，月銷售額直線上升，公司在歐美市場的知名度也不斷地提高。

本田先生對武太郎上任以來的工作非常滿意，這不僅僅是因為他的工作表現，還因為銷售部作為企業的龍頭部門，也帶動了其它部門經理人員的工作熱情和活力。

自此，本田公司每年都會從外面聘請一些精幹的、思維敏捷的、三十歲左右的生力軍做為空降部隊，有時甚至聘請常務董事一級的人物。如此一來，公司上下都有了新的刺激，業績便蒸蒸日上。

心理實驗

挪威人愛吃沙丁魚，尤其是活魚，挪威人在海上捕到沙丁魚後，如果能讓魚活著到達港口，賣價就會比死魚高上好幾倍。

但是，由於沙丁魚生性懶惰，不愛運動，返航的路途又很長，因此捕撈到的沙丁魚往往一到碼頭就死了，即使有些活的，也是奄奄一息。只有一位漁民的沙丁魚總是活的，而且很生猛，所以他賺的錢也比別人的多。該漁民嚴守秘密，直到死後，人們才發現他的魚槽裡只不過是多了一條鯰魚。

原來鯰魚以魚為主要食物，裝入魚槽後，由於環境陌生，就會四處游動，而沙丁魚發現此一異已分子後，也會緊張起來，加速游動，如此一來，沙丁魚便能活著回到港口，這就是所謂的「鯰魚效應」（Catfish Effect）。鯰魚效應是指透過引入強者，激發弱者變強的一種效應。

而運用此一效應，透過個體的「中途介入」，群體產生競爭作用，

也符合人才管理的運行機制。

「鯰魚效應」是指**新加入的競爭者參與團隊，可以激勵整個團隊的士氣，此方法同樣適用於現代人力資源管理**，用以喚醒員工的危機意識，從而促使他們改進自己的工作效率。

目前，一些機關單位實行的公開招考和「空降部隊」，就是很好的範例。這種方法能夠使人產生危機感，從而更好地工作。

同樣的，大部分失敗的公司，事前都有一些徵兆顯示已經出了問題，即使有少數管理者已略微察覺這些現象，也不太留意。

例如：企業的氣氛沉悶，缺乏壓力，管理層安閒舒適，員工充滿惰性，一些真正具有能力和潛力的人員則得不到充分發揮才能的機會，他們離開公司，或者被無謂地浪費掉才能，企業慢慢地失去生機。

「鯰魚效應」能有效提升積極性

「鯰魚效應」是企業領導層激發員工活力的有效措施之一，它表現在：

（1）企業要不斷補充新鮮血液，把那些富有朝氣、思維敏捷的年輕生力軍引入團隊當中，甚至是管理層，給那些固步自封、因循守舊的懶惰員工和管理層帶來競爭壓力，才能喚起「沙丁魚」們的生存意識和競爭求勝之心。

（2）要不斷地引進新技術、新設備、新管理觀念，如此才能使企業在市場大潮中搏擊風浪，增強生存能力和適應能力。

「鯰魚效應」的運用前提

（1）團隊環境、工作內容與性質已經很長時間沒有變化，例如團隊成員很久沒有增加，核心人員的待遇、職位已很久沒有調整等等。

（2）「休克魚」已經出現，並且從數量上已經明顯影響到團隊目標的實現。

（3）挑選「鯰魚」的目的是適度刺激，所以在數量上要把握好，以免引起團隊的整體波動。

錯誤時機的「鯰魚效應」打擊積極性

當團隊整體狀態還很好的時候就引進「鯰魚」，則會打擊團隊成員的積極性，同時會導致員工的公司的認同感降低，其會認為公司對他們失去了信任，或者存心想「整」他們。

這時候員工的反映可能會是：（1）將對工作的積極性轉化為破壞性行為，故意和公司抗衡、（2）核心員工失去對情景的期望而離職、（3）消極怠工，變成「無所謂魚」，讓能幹的鯰魚去做吧！

錯誤數量的「鯰魚效應」破壞企業文化

引進的「鯰魚」數量過多，則會刺激過度，引起全體的恐慌，各種流言出現，小道消息、猜疑增加，加重了員工心理負擔。同時員工在工作時還會提防「鯰魚」，戒心增加，這顯然不利於整體工作的開展，對企業的良好文化將會造成破壞。

17 即時回饋，效果更佳

舉例來說，在家庭教育中，我們要看父母的教育能力如何，關鍵就在於觀察父母能否及時根據孩子回饋的資訊快速反應，及時改變教育的方式、方法，以提高教育的實效，使教育過程始終處於優化的動態平衡狀態。這就是教育中的「回饋效應」。

這就是說，父母在向孩子灌輸正確觀念的同時，也要注意孩子的回饋，如此互動的教育才能獲得良好的效果。

許多父母教育孩子的一個誤區是：父母只管自己教，不厭其煩地告訴、教導，卻不注重孩子在受教育的過程中所回饋的資訊，乃至於心理變化，是一種忽視了過程的教育。

不善於根據孩子的回饋資訊及時調節教育內容、方法、節奏等等，致使家庭教育出現了簡單化、成人化等問題，最終所產生的結果就會大相逕庭。

心理實驗

心理學家赫洛克（E.B.Hunlock）曾做過一個著名的心理實驗：
她把員工分成四個組別，並在四種不同誘因的情況下完成任務。

第一組為「表揚組」，每次工作後予以表揚和鼓勵。

第二組為「受訓斥組」，每次工作後嚴加訓斥。

第三組為「被忽視組」，不予評價，只讓其靜聽其它兩組接受表揚和接受批評。

第四組為「控制組」，讓他們與前三組隔離，不予任何評價。

結果工作成績是前三組均優於「控制組」，「受表揚組」和「受訓斥組」明顯優於「被忽視組」，而「表揚組」的成績則不斷上升，學習積極性高於「受訓斥組」，「受訓斥組」的成績則有一定波動。

此種作用就是「反饋效應」，是指及時對工作結果進行評價，能強化工作動機，對工作發揮促進作用。而適當表揚的效果明顯優於批評，而批評的效果比不予任何評價的好。

後來，也有心理學家透過實驗對反饋效應進行了進一步的研究，結果表明，反饋主體和方式的不同對學習和工作的促進作用也不相同。一般來說，自己進行的主動反饋要優於別人的反饋。

原理分析

反饋原是物理學中的一個概念，是指把放大器的輸出電路中的一部分能量送回輸入電路中，以增強或減弱輸入訊號的效應。

心理學借用此一概念，以說明學習者對自己學習結果的瞭解，而這種對結果的瞭解又發揮了強化作用，促進了學習者更加努力學習，從而提高學習效率，此一心理現象稱做「反饋效應」。

這個實驗表明了，及時對學習和活動結果進行評價，能強化學習和活動動機，對工作有促進作用。**適當激勵的反饋效果明顯優於批評，而批評的效果比不聞不問的效果好。**

在生活中，有反饋（知道學習後的測驗成績）比沒有反饋（不知道測驗成績）的學習效果要好得多。

而且，即時反饋（每天知道測驗成績）比遠時反饋（測驗成績要一周之後才知道）所產生的效應（激勵作用）更大。

有效的反饋機制是目標達成的必要條件，對於別人的反應必須及時地反饋調節。

無論是在管理還是指導當中，要廣泛地即時搜集和評定活動效果，例如觀察交談、現場提問、效果評價等，然後及時反饋訊息，隨時調節過程，對存在的問題，也不必馬上實施懲罰，而要有針對性地講解疑難，不使問題累積。

🔍 「反饋效應」的學習運用即時性

在教育的過程中及時對學生的進步進行反饋評價，避免毫無目的的學習和不知道自己的學習結果的學習方式，就能強化我們的學習動機，對學習發揮促進作用。

在學習的過程中，「賞識教育」優於「訓斥教育」。教育過程中要多表揚，少訓斥，而適度的表揚效果明顯優於批評，而批評的效果比不予任何評價的效果好。要善於運用表揚和批評，表揚和批評都要講究一個「分寸」。

🔍 注意獎懲比例的管理運用

記得，多表揚、鼓勵和信任，這樣能激發員工的自尊心和上進心；

同時表揚要抓住時機，掌握分寸，就能使其不斷精進。

當然「沒有懲罰就沒有教育」，必要的懲罰是控制員工行為的有效信號，而懲罰要適時、適度、就事論事，使員工明白為什麼受罰和如何改進，要正確運用表揚和懲罰。

在反饋時，要正確運用鼓勵和批評。鼓勵和批評都是把握的基本方式，不能偏廢。鼓勵很重要，但不能誇大其詞；對錯誤和問題的批評要及時、慎重，不能譏笑和嘲諷。要使鼓勵和批評收到實效，關鍵是理解和尊重，憑敏銳的感覺和溝通的智慧對症下藥。

表揚也很重要，但同樣不能誇大其詞。同時還應注意的是獎懲的頻率，從心理學的研究結果看，當獎懲的比例為五比一時往往效果最好。

「反饋效應」的關鍵心態

（1）在各種過程中，我們一定要及時地進行自我反饋，避免毫無目的學習與不知道自己的學習結果的學習方式。

（2）重視他人所做出的評價，認真總結自己的優缺點，從而明確自己的努力方向。

（3）正確對待自己的進步，成功時不驕傲，堅持繼續努力；進展不理想時不要喪失信心，決心迎頭趕上。

網路經濟具有極強的正反饋

網路經濟時代具有極強的正反饋效應，也就是「即時性」十分強大，例如通訊軟體或者社群網站等。當許多公司爭奪正反饋效應市場時，只有一個贏家，這種情況在網路經濟中最為突出。

網絡越大越有價值，這就使強者越強，弱者越弱，使需求方或供給

方規模經濟具有強烈的正反饋市場，最大的贏家則是推出受正反饋推動的技術性企業。

　　「反饋效應」的應用非常廣泛，可應用於企業管理，可應用於學習，也可應用於資金和證券市場管理，是一個應用範圍非常廣的管理定律。

心機備忘錄

memo

　　試著多叫出新朋友的名字，因為人們很喜歡聽到自己的名字，而這種方式可以快速地幫你和他建立起友誼般的信任。

18 暗示比直接了當更讓人容易接受

> 「人內心所能構思與相信的，它就能達成。」
> ——美國勵志大師　拿破崙・希爾（Napoleon Hill）

　　一名美國人伊立夏・柏金斯（Elisha Perkins）發明了「柏金斯牽引棍」，並由他兒子帶到了倫敦宣傳。柏金斯牽引棍號稱可以治病，只要將棍尖靠在患部二十分鐘，即可將病原抽出體外。此外，牽引棍長不滿八公分，柏金斯宣稱是以特殊金屬製造的，這種棍子能釋放神祕的「電物理力」治病。

　　而英國醫師約翰・哈葛斯（John Haygarth）以柏金斯牽引棍與木質仿冒品做實驗，發現它們的療效一樣：那就是無論使用正品還是仿冒品，都能使五名關節炎病人中的四人覺得病情改善。

　　實驗結果證明「在想像力的煽風點火下，希望與信念的熱情能造成神奇的效果」。不過，不是每一個人都以積極的態度看待哈葛斯的發現。

　　有美國醫師認為柏金斯牽引棍無異偽藥；哈葛斯發現它其實是以暗示的力量奏效，而不把它視為一種治療手段。

心理實驗

　　「安慰劑效應」（Placebo Effect，來自拉丁文「Placebo」，解釋為

「我將安慰」）於一九五五年由畢闕博士（Henry K. Beecher）所提出，也稱為「非特定效應」（non-specific effects）或者「受試者期望效應」（subject-expectancy effect）。

「安慰劑效應」指病人雖然獲得無效的治療，但卻預料或相信治療有效，因而讓病患症狀得到舒緩的現象。

而一個性質完全相反的效應亦同時存在——「反安慰劑效應」（Nocebo effect），指的是病人不相信治療有效，就可能會令病情惡化。

「反安慰劑效應」（拉丁文中的「nocebo」，解釋為「我將傷害」）可以使用檢測安慰劑效應相同的方法檢測出來，例如一組服用無效藥物的對照群組，會出現病情惡化的現象。

這個現象相信是由於接受藥物的人士對於藥物的效力抱有負面的態度，因而抵銷了安慰劑效應，出現了「反安慰劑效應」。

這種心理效應並不是由所服用的藥物引起，而是基於病人心理上對於康復的期望。

原理分析

所謂的「安慰劑」是指以科學方式驗證藥效之際，所使用的無藥效成分的偽裝藥品。

從外觀來看，這種安慰劑（偽藥）和真正藥物極為相似，若它們以藥丸形式出現的話，其實是由乳糖或澱粉製成的；若是注射劑的話，則用的是生理食鹽水。

在現代醫學研究中，要證明一種藥物是否有效，首先必須採用嚴格的雙盲對照試驗，即對一組病人給予藥物治療，另一組病人僅使用毫無藥物作用的糖丸等製成的所謂「安慰劑」作為對照，但患者本人並不知道自

己服用的是安慰劑，因此他們在心理上仍然認為服用的是治療藥品。

對於因壓力罹患身心疾病和新藥探索（drug discovery）極有研究的日本國際醫療福祉大學研究所的中野重行教授，他也利用安慰劑進行臨床試驗。

他讓一組病人服用抗焦慮症藥物，另一組病人服用安慰劑，結果發現服用抗焦慮症藥物組有近五十八％的病人有改善情形，而服用安慰劑組有近四十二％的病人有改善情形。

可以說不論是否含有藥效成分，約有半數病人症狀有所改善，這就是所謂的「安慰劑效應」。安慰劑效應就是指，只要相信治療有效，就足以讓人病情好轉。

特別是受憂鬱或疼痛折磨的病人，對安慰劑的反應特別強烈，無害的療法往往能改善病人狀況，效果與「真正的」醫療手段相當。

但是，安慰劑不只能改善與心有關的狀況。讓氣喘病人使用不含有效成分的吸入器，他們的呼吸會變得順暢——他們的支氣管擴張了，就像施用過真正的藥物一樣。

俄羅斯心理學家巴甫洛夫（Ivan Petrovich Pavlov）認為，**暗示是人類最簡單、最典型的條件反射。從心理機制上來說，它是一種被主觀意願肯定的假設，不一定有根據，但因為主觀上已肯定了它的存在，心理上便會竭力地趨向這項結果**，猶如「安慰劑效應」一般。

釋放暗示進入人們的潛意識

用暗示的方式說出嚴肅的道理，比直接了當地提出更容易讓人接

受。心理暗示是指人們受到外界或他人的觀念、情緒、判斷或者態度等影響所造成的心理轉變結果，是人們日常生活中常見卻很少產生自覺的心理現象。

也就是說，它是一種人或環境以自然的方式向個體發出資訊，使得個體在無意中接收了這種資訊，進而做出與之相符的心理反應的表現。

例如，你是否曾經因為看了購物頻道而購買了不必要的東西呢？

電視廣告對於大眾購物心理的暗示作用是非常強大的。

在每個人無意識地盯著電視的時候，廣告資訊便進入人們的潛意識，這些資訊經常反覆地被重播，就在我們的潛意識中停留下來。當我們去購物時，自然意識就會受到潛意識中的這些廣告資訊影響，在當下左右我們的購買決定。

舉例來說，你經常看到某種牌子的泡麵廣告，可能是維力炸醬麵，也可能是滿漢大餐，久而久之，當你偶爾嘴饞想吃泡麵的時候，便有相當大的機率會選擇你覺得很「熟悉」的泡麵牌子。

最常使用的暗示方式是「語言」

當你使用心理暗示的時候，一般來說，小孩比大人更容易接受暗示，因為他們尚未培養出良好的自我判斷能力。

而在人際關係中常用到的便是「言語暗示」，例如導師在班會時表揚那些有優良表現的同學，能對其它學生產生暗示作用，當然你也可以使用眼神、手勢、提高或放低音量等來強調你想說的重點為何。

有經驗的老師便會針對學生的某一錯誤事件，選擇相關議題的影片或故事等與學生共同觀看，一起討論，如此就能產生較好的暗示效果。

心理上的暗示是把雙面刀

心理暗示是人類最簡化、最典型的條件反射。然而隨著研究的深入，人們發現心理暗示其實就像一把「雙刃劍」，它可以「救治」一個人，也可以「毀壞」一個人，關鍵在於接受心理暗示的個體自身如何掌握暗示的意義。

如果你稍微回想一下，是不是很容易就會想起父母、朋友、老師等接觸過的人對你灌輸的大量消極、不好的暗示？

例如「怎麼那麼笨啊？學過了的東西也不會」、「找這種工作，我看你一輩子沒出息了」，細想他們所說的事情是情緒抒發還是真的現實？你很容易會發現，那些話語多數都只是情緒上的發言而已，其目的是為了控制你或者是讓你畏懼，即便是為了你好，也是包裝在消極的暗示之下。

別輕易受他人的暗示影響

在生活中，我們經常會遇到很多難以啟齒的事情，有時礙於情面，又不得不說、不得不做。但是如果你太直接了當地說清楚、講明白，不僅會讓對方對你的印象變差，同時更會傷害到對方的自尊心。

在此要注意，在他人的暗示中絕對沒有能影響你一輩子的巨大力量，它們之所以會產生影響，完全是你自己的想法呼應了他們所想。只有你先同意了他人暗示給你的想法時，如此對方的暗示才可能對你產生力量。

因此，最重要的是「你自己」的想法，它對你產生是好是壞的影響，都端看於你怎麼去看待它。

拒絕正面交鋒，運用暗示

事實上，人與人的交流，無非是兩方之間資訊不斷傳遞的過程。很多時候，我們有些話的確是不方便直說的，這種時候你就要能學會以「暗示」去達到目的——例如以一個表情、一個說法，或者一個動作去產生之後的蝴蝶效應。

當對方接收到你的暗示時，自然會出現你想要他做出的反應，這時候如果說多了反而是多餘的。

也因此，在我們日常生活的交際當中，要學會運用心理暗示的方法來因應各種問題，也由於此種暗示較為委婉含蓄、不露痕跡，所以實行起來往往會比正面交鋒來得更有效。

心機備忘錄

生氣之後是道歉的最佳時機，研究表明在道歉的時間選擇上，晚一點要比早一點好。如果你過早的道歉，對方會懷疑你的誠意，你可以過很長一段時間之後再去道歉也不遲，但你應該選擇在兩個人還對彼此之間所發生的不愉快還存有記憶時進行道歉，不要等到不快已經煙消雲散了再舊事重提。

19 肯定和鼓勵有助於改正錯誤

「最好的好人，都是犯過錯誤的過來人；一個人往往因為有一點小小的缺點，將來會變得更好。」

——英國戲劇家 威廉·莎士比亞(William Shakespeare)

美國鋼鐵大王安德魯·卡內基（Andrew Carnegie）所選拔的第一任總裁查爾斯·史考伯（Charles Schwab）曾說：「我認為，我那能夠使員工鼓舞起來的能力，是我所擁有的最大資產。而使一個人發揮最大能力的方法，是讚賞和鼓勵。」

「再也沒有比上司的批評更能抹殺一個人的雄心……我贊成鼓勵別人工作。因此我樂於稱讚，而討厭挑錯。如果我喜歡什麼的話，就是我誠於嘉許，寬於稱道。這就是史考伯做法。」

「我在世界各地見到許多大人物，還沒有發現任何人——不論他多麼偉大，地位多麼崇高，不是在被讚許的情況下比在被批評的情況下工作成績更好、更賣力的。」

史考伯的信條和安德魯·卡內基如出一轍。卡內基甚至在他的墓碑上也不忘稱讚他的下屬，他為自己撰寫的碑文是——「這裡躺著的是一個知道怎樣跟他那些比他更聰明的屬下相處的人。」

The Mental Tricks
That Will Change Your Life

心理實驗

保齡球效應（Bowling Effect）是行為科學中的一個重要效應，指的是鼓勵比指責更能促進辦事的效率或者更能使人發揮潛能。

實驗是兩名保齡球教練分別訓練各自的隊員。他們的隊員都是一球打倒了七支球瓶。然而A教練對自己的隊員說：「很好！打倒了七支。」他的隊員聽了教練的讚揚很受鼓舞，心裡想，下次一定再加把勁，把剩下的三支也打倒。

而B教練則對他的隊員說：「怎麼搞的？還有三支沒打倒！」隊員聽了教練的指責，心裡很不服氣，暗想，你就看不見我已經打倒的那七支。

結果，A教練訓練的隊員成績不斷上升，B教練訓練的隊員打得一次不如一次。

一個成功的管理者會努力去滿足下屬的這種心理需求，對下屬親切，鼓勵部下發揮創造精神，幫助部下解決困難。相反地，專愛挑下屬的毛病，靠發威震懾下屬的管理者，也許已經真的「擊敗」了他的部下還渾然不覺。

原理分析

心理學家研究證明，**積極鼓勵和消極鼓勵（例如懲罰）之間具有不對稱性。受過處罰的人不會簡單地減少做壞事的心思，充其量不過是學會了如何逃避處罰而已。**

因此你經常能聽到這樣的議論：「做越多，錯越多。」其背後的潛台詞就是：為了避免犯錯，最好的辦法是「避免」多做工作，這便是批評、處罰等「消極鼓勵」的後果。

而「積極鼓勵」則是一項開發潛能的工作。受到積極鼓勵的行為會

128

逐漸占去越來越多的時間和精力，這會導致一種自然的演變過程，員工身上的一個亮點會放大成為耀眼的光輝，同時還能排除不良行為。

希望得到他人的肯定、讚賞，是每一個人的正常心理需要；而面對指責時，不自覺地為自己辯護，也是正常的心理防衛機制。

「保齡球效應」的管理運用

要想更有效地發揮員工的聰明才智，激發他們潛在的業務技能，「保齡球效應」有很好的借鑒作用。

在現實生活中，上司的管理方式有異，有些上司習慣於用指責來對待和處理員工在工作中出現的失誤和過錯。

「保齡球效應」告訴我們，肯定和鼓勵比批評與指責更有助於下屬改正自己的過錯。當下屬在工作中出現失誤與過錯後，如果上司只是一味地批評指責，就容易引起下屬的逆反心理，甚至導致其負面的工作心態。

相反地，如果此時上司能夠首先肯定下屬積極的工作態度，然後再與下屬一起找出產生失誤與過錯的原因，引導其總結經驗教訓，不僅會使下屬心悅誠服地接受批評，而且有助於下屬堅定戰勝困難的信心和決心。

員工的工作技能參差不齊，特別是新員工在工作中難免會出現問題或差錯，稍有不慎，新員工就容易帶著心結進入工作狀態，給日常管理埋下一定的隱患。妙用「保齡球效應」對症下藥，可以及時解除每位員工的心理疙瘩，激勵他們增強信心和幹勁。

🔍 「保齡球效應」的生活運用

想要自己或他人持續有正向的行為，肯定與鼓勵的效果遠遠大於要求與批評。

因為，人都需要被接納、被愛、被認可、被讚賞、被支持，接受到這些，人的內在會滿足、會感動，於是打從心裡，由內而外強化成為正向的行為。而正向的行為累積久了，自然就會內化成習慣。

然而，長久被批評、被責罵的人，只會因為害怕被批評、被責罵而壓抑自己，吸收了「我不好」的負面自我概念，感受不到他人的關愛，內心也形成不易療癒的創傷。這些過去經驗的負面的影響，對我們的一生影響甚鉅。

心機備忘錄

當有人生你的氣的時候，記得保持冷靜，因為你的冷靜會讓他們更加生氣，導致事後他們會感到更愧疚。

20 習以為常讓你的付出貶了值

> 「你越是少說你的偉大,我將越會想到你的偉大。」
>
> ——英國哲學家 法蘭西斯・培根(Francis Bacon)

一個高中女孩和母親吵架,賭氣離家,在外面閒晃了一天,直到肚子很餓,她才來到一家小麵攤,然而卻發現衝出家門時忘記帶錢包了。

好心的麵攤老闆免費煮了一碗麵給她,女孩感動地說:「謝謝老闆,我們不認識,你對我這麼好,可是我媽媽,卻對我說那麼過分的話……」

麵攤老闆說:「我才煮一碗麵給你吃,你就這麼感謝我,你媽媽幫你煮了十幾年的飯,你不是更應該謝謝她嗎?」

女孩一聽,愣住了。

「老闆說的也是……媽媽每天幫我煮飯,我沒有感謝她,反而很常為了小事就和她大吵小吵……」於是,女孩吃完麵謝過老闆之後,便往家裡的方向走,快到家門口時,她就看到焦急的母親正在陽台上四處張望。

母親看到女孩時,就急著喊:「小蓓啊,飯已經都煮好了,你是跑去哪裡了?」此時女孩已是滿臉愧疚……

我們對親人朋友的關愛習以為常;對陌生人的一點幫助,我們卻會感激不已,這便是「貝勃定律」在影響我們的內心感覺。

 心理實驗

　　在情人節的前兩個月，一位義大利的心理學家曾在兩對具有大體相同的成長背景、年齡階段和交往過程的戀人當中，做了這樣一個送玫瑰花的實驗：

　　心理學家讓其中一對戀人中的男孩，每個周末都送給自己心愛的女朋友一束紅玫瑰花；而讓另一對戀人中的男孩，只在情人節的那一天送給自己心愛的女朋友一束紅玫瑰花。

　　由於兩個男孩的送花頻率和時機不同，導致了結果的截然不同。

　　那一個在周末都收到紅玫瑰花的女孩，表現得相當平靜。盡管沒有不滿意，但她還是忍不住說了一句：「我看到別人送給女朋友大把的『藍色美人魚』，比這普通的紅玫瑰漂亮多了，真的好羨慕！」

　　而那一個從來沒有收過紅玫瑰的女孩，當手上捧著男朋友送來的玫瑰花時，臉上表現出了極度的感動，甚至還主動擁抱了男友。

　　心理學家在得到了這個結果以後，便向兩對戀人說明了原委，以消除實驗所帶來的消極影響。

　　此種心理效應便稱為「貝勃規律」，此效應既是一個重要的經濟學概念，也是一個心理學效應，指的是第一次的刺激能緩解第二次的刺激，即當人們經歷過強烈的刺激之後，對以後給予的刺激就會感覺微不足道。

原理分析

　　第一次的刺激能緩解第二次出現的小刺激，這種規律稱為「貝勃規律」。

　　「貝勃規律」表明的是一個社會心理學效應，當人們經歷強烈的刺激之後，接著施予的刺激對他來說也就會變得微不足道。

俗話說：「好人難做。」你辛辛苦苦地耕耘，卻因為做錯一件事而把前面的功勞全部抵銷；而壞人卻可以因為做件普通的好事而受到稱讚。進而，大家對事物的感覺也似乎都產生了錯覺，似乎後者的「真小人」比前者的「偽君子」更值得信任。其實這些都是「貝勃定律」在操控我們的感覺而已。

所以，變了的不是事實，只是你的感受變了。

我們的感覺很敏感，但也有惰性，它會蒙騙我們的眼睛，也會加重我們的感受而迷失理性。所以，不能太自以為是，我們應帶著謙卑的心對待萬物眾生，才可以少犯錯誤，累積智慧。

對於親人朋友，我們對他們的關愛習以為常，而且期望值很高。有時他們少了一絲關愛，我們甚至會惡言相向；對於陌生人，我們沒有抱著多大的期望，因此，他們的一點點幫助，我們都會感動不已。

事實上，對於陌生人的幫助，我們應當報以適當的感謝。可是對於親友的幫助，我們更應該報以更大的感恩。所以，珍惜我們的日常生活和身邊的親人朋友吧！

「貝勃定律」告訴我們，**給予方要多做雪中送炭的事，少做錦上添花的事，盡量不做畫蛇添足的事；而受予方要懂得珍惜自己的點滴所得，善待身邊的人。**

How to use?

🔍 「貝勃定律」對你的生活影響

「貝勃定律」不僅僅是經濟學上的概念，在生活上也隨處可見。知道了「貝勃定律」帶來的消極作用。

　　有些人會抱怨自己的朋友沒有剛熟識時對自己那麼好了，然而事實上並不是那樣，只是剛熟悉時別人對你的一點點關心你都會覺得情誼很深，而後時間久了，你便會在無形之中把這種關心當成了理所當然。所以，你當然會漸漸覺得朋友對你沒有之前那麼好了。

　　同樣地，在生活中我們該把握自己的分寸。對待朋友，要好；對待家人，要好；對待戀人，要好。然而，那些好卻不能是你的全部，當你對待別人的好到達極限後，你將再也無法付出再多，那樣反而只會讓你在意的人覺得你對他們沒有那麼好了。

　　所以我們說，對待一個人，要保持七分，最後的三分，請保持神秘。

「貝勃定律」的心機運用法

　　「貝勃定律」是一種「狡猾」的定律，它的效果在各方面幾乎都能屢試不爽。因為，不論是生理上還是心理上，人總是會有一種逐漸適應的機制。

　　你經常會在街上看到這樣的景象，一家商店門口拉上了一條紅帶子，以控制進入商店的人數，而店門外，準備入店選購的人居然排起了一條「長龍」。這在到處打著「不計成本、瘋狂減價」標語的商店街，簡直是「奇蹟」。

　　看著一堆人大包小包地「滿載而出」，很多顧客都被打動了，躍躍欲試地排了隊，準備進去「掃貨」。

　　然而好不容易排進去了，卻驚訝地發現——裡面都是一些品質不怎麼好，但原價卻奇貴的商品。當然，那些商品是以兩折的低價販賣的，但是即使是兩折，你也會覺得它們並不值那個價格。

有些顧客提出疑問：「這條街我常逛，這家店新貨上市時，確實是那種價格，而且不會打折。平常真的是門可羅雀，但是只要一換季，就打折得很凶，到時就會人滿為患啦！」

沒錯，這些店家就是這樣成功吸引了顧客的注意。

仔細想想，折扣越多，你是不是越覺得興奮？

如果是同一種折扣的話，你會對原價三萬元，現在卻兩折開賣的東西有興趣，還是對也是兩折開賣，不過原價是三百元的東西感興趣？

商家就是利用「貝勃定律」來做生意的，誰都知道，相比三百元兩折販賣的商品，絕對是原價三萬元打兩折的物品更吸引人的目光，這會讓人們更有「賺到了」的感覺。

真正高明的商家，會按照非常貴的「原價」銷售一段時間，就算沒賺什麼錢，日後才會開始進行所謂的「跳樓大拍賣」。

然而其實之前的原價銷售就是為之後的「讓利促銷」做伏筆的，這便是「貝勃定律」的心機應用方式。

「貝勃定律」的人事運用法

「貝勃規律」經常應用於經營中的人事變動或機構改組等。

一家公司如果想趕走視為眼中釘的人，應該先對與這些人無關的部門進行大規模的人事變動或裁員，使其它職員習慣於這種衝擊。接著在第三或第四次的人事變動和裁員時再把矛頭指向原定目標。

因為很多人在受到第一次的衝擊後，對後來的衝擊就已經麻木了。

從一開始就提出令人難以拒絕的優厚條件，等談判基本上結束後，再指出一些不好的細節、使對方接受的「誘敵深入法」，基本上也是以「貝勃規律」作為基礎的。對方被一開始的優厚條件所誘惑，對後來才知

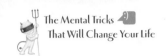
道的不好的部分也就會較輕易地接受了。

又例如，一個新人剛開始工作時，拼命表現，兢兢業業，接著在熟悉環境之後就鬆懈下來，那麼周遭人就會認為這名員工之前的表現都是假的，對這個人的人品提出質疑；而另外一個新人，一開始上班就顯得一無是處，跟不上狀況，等到日後慢慢熟悉了，懂得了公司的規矩。僅僅能做到準時交出工作成果，其它人就會誇他進步了，表現得越來越好，覺得這個人上進，比前者好很多。

然而，其實前者做的工作量已經不知道比後者多了多少。

「貝勃定律」的教育運用法

許多家長喜歡用金錢的刺激來促使孩子提高學習成績，例如承諾考第一名獎勵兩千元，進步一個名次就獎勵兩百元等等。

在家長眼中，有了錢，孩子就可以買到他喜歡的東西：零食、漫畫書、明星海報、遊戲光碟等等。也許一開始，這個獎罰制度還是很吸引孩子的。但實際上，不用多久時間，孩子就會漸漸厭倦這種「獎勵」。

因此，在許多時候，要避免簡單地以金錢或其它物質刺激來促使孩子努力學習。一方面，這有可能讓孩子無法體會到學習本身的意義所在，更重要的是，一旦「貝勃定律」發生作用，那麼孩子就會認為家長只是基於現實功利才要求他們學習的，並不是真正在乎自己的感受。

當然，這不是說完全不能使用物質刺激。在孩子尚沒有學習興趣之時，物質刺激可以作為一種手段，但這需要一個由少到多的過程。

隨著刺激的增大，家長要同時給予孩子更多精神上的支持和鼓勵，必要時還應撤去物質的刺激。如此，才能讓孩子由淺入深地認識到學習的價值，領會到父母對自己的真實關懷和愛。

21 貼上標籤，就將成為這樣的人

> 「人的心智比什麼都有彈性，我們被要求的越多，可以完成的就越多。」
>
> ——美國神學家　泰倫·愛德華茲（Tryon Edwards）

敏惠的孩子三歲時，把家裡已經切開的的西瓜，每一片都咬了一口，以宣示這些西瓜都是他的。於是敏惠碰到人就「宣揚」她的孩子有多聰明和自私。

日後在所有的場合，「這個小孩很自私」便成了她的口頭禪，還經常開玩笑地列舉出孩子「自私」的證據，並強調這孩子「就是和他爸一個模樣」。

在敏惠「宣揚自私」的引導之下，她的孩子也真的開始做出更多讓人無法想像的行動。

在敏惠的孩子七歲時，有一次家族聚餐，這個孩子卻把他最愛吃的蝦子全都夾到自己的碗裡，然後示威般地搶先對他的母親「宣戰」：「我知道你要說我自私，對，我就是自私，所以我可以吃掉全部的蝦子！」

這舉動讓敏惠與在場的親戚朋友全都傻了眼，此時她才愕然發現，原來自己的教育方式完全錯了樣……

其實，孩子的自私全是母親給孩子貼標籤的結果，「就是和他爸一個模樣」，這樣的說法還暗示了這種自私是天生的，給孩子的自私提供了正當化

的依據，強化了孩子的自私性格。

心理實驗

一九七三年，心理學家克勞特曾做過這樣一個實驗：

他要求一群參加實驗者對慈善團體做出捐獻，然後根據他們是否有捐獻，分別對他們說是「慈善的人」或「不慈善的人」。相對應地，還有一些參加實驗者則沒有被下這樣的結論。

過了一段時間後，當他再次要求這些人做捐獻時，發現那些第一次捐了錢並被說成是「慈善的人」，比那些沒有被下過結論的人捐錢要多，而那些第一次被說成是「不慈善的人」，比那些沒有被下過結論的人捐獻得要少。

上面這個實驗說明，當一個人被一種詞語名稱貼上標籤時，他自己就會做出印象處理，使自己的行為與所貼的標籤內容相一致，這種現象是由於貼上標籤後而引起的，所以稱之為「標籤效應」。

「標籤效應」是社會學、教育心理學和政治學的名詞。「標籤效應」是一個自然人、一個組織、一個地區給別人貼上標籤之後所產生的效應，包括強化、自我認同、刻板印象。例如，把中國製造的商品與黑心商品劃上等號，把新移民與不守規矩、禮儀劃上等號。

心理學認為，之所以會出現「標籤效應」，主要是因為「標籤」具有定性導向的作用，無論是「好」是「壞」，它對一個人的「個性意識的自我認同」都有著強烈的影響作用。

給一個人「貼標籤」的結果，往往能使其向「標籤」所喻示的方向發展。

原理分析

　　美國的社會學家艾德文（Edwin M.lement）和心理學家霍華德（Howard Becker）認為，一旦某人被貼上了標籤，他周遭的人便會對他另眼相看，這會迫使他與其它具有相同或是類似標籤的人為伍，並按照標籤本身所暗示的行為做出相應的舉動，並將此類舉動變成自己的習慣，甚至終生沿著這條路走下去。

　　之所以會出現「標籤效應」，主要是因為**標籤具有指示方向的作用，無論善惡優劣，它對一個人的自我認同都能發揮強烈的影響**。給一個人貼標籤，往往能使他成為那種人。

　　例如，到超市買東西，商品上的標籤會左右人對商品價值的認定。有人做過這樣的實驗：完全相同的兩件商品，只要標注不同的價格，人們會為他們找出價格不同的理由。

　　人們會在標價高的商品上找出很多優點，會在標價低的商品上找出諸多的不足，並且還能「明確」指出兩者的「不同」之處。也就是說，標籤會誘導人的思維方向。這就是所謂的「標籤效應」。

　　而研究更顯示出，在一個被貼上標籤的群體中，有四十％左右的個人在短期內會受到「標籤效應」的影響，並朝著標籤本身所暗示的方向發展。

How to use?

「標籤效應」的企業管理運用法

　　當一位員工被老闆認為是某些方面的能力不行，他肯定也會對自己這方面的能力產生懷疑，進而對自己失去信心，即使他有這方面的能力也

不會再表現出來了，因為員工會認為「老闆已經認為自己的能力不行，自己還表現什麼呢？」

員工畢竟不是自己的孩子，所以管理者不會像父母那樣表現出太多的言語不滿。但事實上，對一個人的態度並不一定完全透過言語表現出來，當你對一個人的態度很消極時，即使你不說一句話，你對這個人的態度也會在你的行為中表露無遺，只要一個眼神、一個動作都能體現出那種不認可的態度，而這些非言語的信號就足以給他貼上標籤了。

有些管理者會說：「員工又不是孩子，又不傻，罵他笨他真的就以為自己笨，我罵他沒前途他真的就覺得自己沒前途。我這樣罵他，只是『激將法』，是想讓他變得好一點而已。」

這樣的觀點似乎也有一定的道理，因為也有心理學家在研究中發現，在「標籤效應」中，如果貼的標籤不是正面的、積極的，那麼被貼標籤的人也可能因為覺得不公平，而產生與所貼標籤內容相反的行動，也就是說這種「激將法」有時是可行的。

但是，同時我們也應該清楚，如果想貼負面的、消極的標籤而產生正面的效應，需要滿足兩個條件：

（1）被貼標籤者能夠理解所貼標籤是不是客觀、公正的。

（2）被貼標籤者的獨立性要足夠強。

如果一個管理者能夠經常反思自己對待下屬的態度，把注意力放在員工完成目標任務的程度上，不斷地給下屬貼上具有積極暗示的標籤，那麼可以預見的是，下屬的工作將會有較大機率得到積極的改善。

長此以往，整個部門，乃至於企業的整體業績也將會有較大的機率得到顯著地改善。

「標籤效應」的教育運用法

在孩子的成長過程中，很多大人經常有意或無意地給孩子貼上標籤。美國心理學家說：「人一旦被貼上某種標籤，就會按照標籤所設定的去塑造自己。」

孩子像一張白紙，你給他貼什麼樣的標籤，他就會按照標籤去塑造自己：給他貼上勇敢的標籤，他就會努力形成勇敢的性格，給他貼上膽小的標籤，他就會養成懦弱的性格；給他貼上勤快的標籤，他就會變得勤勞；給他貼上懶蟲的標籤，他就會變得懶惰⋯⋯

希望孩子具有什麼樣的品行，就給孩子貼上什麼樣的標籤。但要記得，不要因孩子偶爾失序的行為，就給孩子貼上黑暗的標籤。

要收穫陽光，就給孩子貼上開朗、正面的標籤。你會發現，最終你的孩子會成長為一個聰明的、自信的、樂觀的、勇敢的、勇於進取的⋯⋯具有你所期望的所有高尚品格的人。

利用「標籤效應」來提升自信心

這個有效的方法就是，實施積極的自我暗示訓練。

實施積極的自我暗示，除了要制定切實可行的可分解的學習目標和可操作的學習計劃之外，以下的環節也同樣不可忽視：

自我激勵可以提高自信，先按階段設置暗示語，在實施自我暗示前，必須根據自己的情況設置積極的暗示語言。這些暗示語言不外乎是一些給自己打氣的話，例如「我一定可以！」、「我能做得更好！」等，但要注意根據自己的具體情況來制定。

當暗示語設置好之後，就要著手準備實行。

例如早上起床，你精神飽滿地站在鏡子前，看著鏡子中的自己，感

受一下自己的狀態。如果覺得自己不是很清醒，可以先告訴自己「我很有精神，狀態很好！」然後，看著鏡子中的自己一會兒，笑一笑，想像那種振奮的感覺由內而外散發出來，自己似乎都感覺到那擴散出的氣息了。

下一步，伴隨一些肢體動作，例如可以握緊拳頭，揮舞兩下，感受一下自己的力量，大聲說出事先想好的鼓勵自己的話語，聲音要一次比一次大。

每說一次，你會感覺底氣更足一些，感覺內心的自信和力量更充滿一些。這樣說幾遍之後，你會感覺很暢快，很輕鬆。每天可以連續說三次到五次。

剛開始練習時，需要你的意志力去控制。一旦養成了行為習慣，每天早起你就會自然而然地去做。每天的自信心也會自然而然地保持得很充足，你便會逐漸地成為一個自信、向上的人。

心機小練習

（改寫句子，以符合本篇主旨）

工作上，對自己貼上標籤。

我是個 _____的員工。

_____

在家庭，對自己貼上標籤。

我是個 _____ 的丈夫／太太。

_____

心機備忘錄

　　撒謊的時候，一定要編造一些對你來說很尷尬的細節，這樣編造的故事會更使人信服。舉例來說，將「那天我沒去找小翰呀」改成「上次我去小翰家把一個不便宜的碗打破了，我就很久沒去那個小翰家了」，如此更容易取信對方。

達到目的篇

The Mental Tricks
That Will
Change Your Life

人們都有「安全心理」，即認為權威人物的思想、行為和言語往往是正確的，服從他們會有種安全感，不會出錯。同時，還有「認可心理」，即認為權威人物的要求往往和社會要求一致，照權威人物的要求去做，會得到各方面的認可。

22 並非相信你，而是相信名人

> 「問題不在於告訴他一個真理，而在於教他怎麼樣去發現真理。」
>
> ——法國思想家　盧梭（Jean-Jacques Rousseau）

舉世聞名的航海家麥哲倫正是因為得到了西班牙國王卡洛爾羅斯的大力支持，才完成了環球一周的壯舉，從而證明了地球是圓的，改變了人們一直以來「天圓地方」的觀念。

而麥哲倫是如何說服國王贊助並支持自己的航海事業的呢？原來，麥哲倫邀請了著名地理學家路易‧帕雷伊洛和自己一起去勸說國王。

那個時候，因為哥倫布航海成功的影響，許多騙子都覺得有機可乘，都想打著航海的招牌來騙取皇室的信任，進而騙取金錢，因此國王對一般所謂的航海家都抱持懷疑態度。但與麥哲倫同行的地理學家帕雷伊洛卻久負盛名，是人們公認的地理學界權威，國王不但尊重他，而且非常信任他。

帕雷伊洛給國王歷數了麥哲倫環球航海的必要性與各種好處，讓國王最後心悅誠服地支持了麥哲倫的航海計劃。正是因為相信具有權威性的地理學家，國王才相信了麥哲倫，正是因為權威的效果，才促成了此一舉世聞名的成就。

事實上，在麥哲倫的環球航海結束之後，人們發現，那時帕雷伊洛對世界地理的某些認識並不夠全面，甚至是錯的，其得出的某些計算結果也與事

實有所偏差。不過，這一切都無關緊要，國王正是因為「權威效應」——認為專家的觀點不會錯，而陰差陽錯地成就了麥哲倫環繞地球航行的偉大成功。

心理實驗

美國心理學家曾經做過一個實驗：

他們在替某大學心理學系的學生們講課時，向學生介紹了一位從外校請來的德語教師，說這位德語教師是從德國來的著名化學家。

在試驗中這位「化學家」煞有其事地拿出了一個裝有蒸餾水的瓶子，表示這是他新發現的一種化學物質，有些氣味。請在座的學生聞到氣味時就舉手，結果多數學生都舉起了手。對於本來沒有氣味的蒸餾水，由於這位「權威」的化學家的語言暗示而讓多數學生都認為它有氣味。

人們都有一種「安全心理」，即人們總會認為權威人物的想法、行為和話語往往是正確的，服從他們會使自己有種安全感，增加不會出錯的「保險」。

同時，人們還有一種「認可心理」，即人們認為權威人物的要求往往和社會要求相一致，只要按照權威人物的要求去做，就會得到各方面的認可。因此，這兩種心理就產生了所謂的權威效應（Appeal to Authority），也就是領導者的權威角色。

原理分析

「權威效應」，又稱為「權威暗示效應」，是指**一個人如果地位高，有威信，受人敬重，那他所說的話及所做的事就容易引起別人重視，並讓他們相信其正確性，即是「人微言輕、人貴言重」。**

「權威效應」的普遍存在，是由於人們有著「安全心理」，即人們總認為權威人物往往就是正確的楷模，服從他們會使自己正確且具有安全感；其次是由於人們有著「讚許心理」，即人們總認為權威人物的要求往往符合社會規範，按照權威人物的要求去做，會得到各方面的讚許和獎勵。

生活中無所不用的「權威效應」

在現實生活中，利用「權威效應」的例子很多，例如做廣告時請名人物讚譽不絕某種產品，在辯論說理時引用權威人物的話作為論據等等。在人際交往中，利用「權威效應」，還能夠達到引導或改變對方的態度和行為的目的。

按照權威人物的要求去做，能得到各方面的認可。而「權威效應」的寓意在於——「迷信則輕信，盲目必盲從。」

「權威效應」比命令的效果好

「權威效應」在社會中是司空見慣的一種心理效應，可以說，在人類社會，只要有權威存在，就必定會有「權威效應」。

企業以及商場、飯店、學校、娛樂場所，其實大都願意請偶像明星或名人雅士代言；很多書籍，也喜歡請名人寫推薦序；有的藥品、保健品的宣傳資料上，也常常見到政界高級官員的題詞和老闆接見董事長、總裁的照片，而這一切，都是「權威效應」在發揮作用。

在企業中，上司也可利用「權威效應」去引導和改變下屬的工作態

度以及行為，這往往比命令的效果更好。

　　一個優秀的上司肯定是企業的權威，或者為企業培養了一個權威，然後利用「權威效應」進行領導。當然，要建立權威就必須要先對此效應有一個全面深層的理解，這樣才能正確地運用，才能讓效果保持得更加長久。

「權威效應」須慎用，忌濫用

　　在教學上，尤其是課堂管理過程中，教師對學生而言是「權威人物」，不論是專業知識還是人生閱歷都有絕對的優勢，充分利用此一優勢，在學生中確立自己的權威，充分發揮「權威效應」，從而使自己的教學理念暢通並有效地執行。

　　但「權威效應」不能濫用，須知「千里之堤潰於蟻穴」，一些容易忽略的細節，不當的言行會逐漸地削減樹立的威信。「權威效應」有用，但須慎用，更忌濫用。

心機備忘錄

memo

　　當你運用暗示語言來激勵自己時，要注意言詞要有可行性。也就是說，要考慮到是否符合自己的實際情況、是否符合內外環境的情況、是否經過努力可以達成。若是經過努力辦不到的事情，或者是內外環境根本不允許的事情，就不要用來當成你的暗示語言。

23 假提簡單要求，以提出困難要求

> 「人的心智比什麼都有彈性，我們被要求的越多，可以完成的就越多。」
>
> ——美國神學家 泰倫·愛德華茲（Tryon Edwards）

當顧客選購衣服時，精明的店員為了打消顧客的顧慮，通常會「慷慨」地讓顧客試一試。當顧客將衣服穿在身上時，店員會稱讚衣服很合適，並周到地為你服務。在這種情況下，當他勸你買下時，多數顧客都會難以拒絕。

推銷員在推銷商品時，不是直接向你提出請買他的商品，而是先提出「試用化妝品」、「試穿衣服」的要求，等這些要求實現之後，才提出購買要求；路上找人幫忙填問卷的工讀生都會先請你幫忙填問卷（先幫小忙），再來就會要你買東西（再幫大忙）。

而男性在追求心儀的女孩時，也並不是「一步到位」，馬上提出要與對方共度一生的要求的，而是透過看電影、吃飯等小要求來逐步達成目的。

這個技巧其實已被廣泛地普遍應用，例如打著「請幫忙填寫簡單的英語教材問卷調查」的口號，其實目的是為了銷售昂貴的教材或課程。這些都反應出了人們在學習、生活、工作中普遍地具有避重就輕、避難趨易的心理傾向。

心理實驗

社會心理學家弗里德曼與弗雷瑟（J.L.Freedman & S.C.Frase）於一九六六年做了一個非常經典的實驗——名為「無壓力的屈從：登門檻技術」。

實驗的第一步，是先到各家各戶向家庭主婦們提出一個小的要求，那就是請她們支持「安全委員會」的工作，在一份呼籲安全駕駛的請願書上簽名。

實驗的第二步，在兩周以後，由原來的兩個大學生實驗者重新找到這些主婦，詢問能否在她們的前院立一塊不太美觀的大告示牌，上面寫著「謹慎駕駛」。

而實驗的結果表明，先前在請願書上簽過名的大部分人（五十五％以上）都會同意立告示牌，而沒有簽過名的主婦，只有不到十七％的人接受了此一要求。

而另一個實驗是：在大學校園裡徵求志工參加「兩個小時的社工活動」，結果答應的學生不到二十％，但如果先要求「為期兩年、每周兩次的社工活動」，待對方拒絕之後，再提出「兩小時社工活動」的要求，則有約五十％的學生會答應。

這些實驗都驗證了社會心理學的「登門檻效應」（Foot In The Door Effect）的存在，意思是先提出任誰都無法拒絕的簡單要求，待對方答應之後，再進一步提出真正的要求，對方便會答應。

運用方式是故意先提出簡單的要求，待對方答應後再說出真正的要求，這個技巧又稱為邁步法：在第一個要求答應後，提出第二個要求，如此一來，被要求者便會因為先前的答應而在心理上覺得必須一致，所以比較容易答應。

原理分析

日常生活中有這樣一種現象，在你請求別人幫助時，如果一開始就提出較大的要求，便容易遭到拒絕。但如果你先提出較小要求，別人同意之後再增加要求的分量，則更容易達成目標。

心理學家認為，**一下子向別人提出一個較大的要求，人們一般很難接受；如果逐步提出要求，不斷縮小差距，人們就比較容易接受**。這主要是由於人們在不斷地滿足小要求的過程中已經逐漸適應，意識不到這逐漸提高的要求已經大大偏離了自己的初衷。

這是因為，人們都希望在別人面前保持一個比較一致的形象，不希望別人把自己看成「喜怒無常」的人。因而，在接受別人的要求、對別人提供幫助之後，再拒絕別人就變得更加困難了。

如果這種要求給自己造成損失並不大的話，人們往往會有一種「反正都已經幫了，再幫一次又何妨」的心理。於是，「登門檻效應」就發生效果了。

這種現象，猶如登門檻時要一個臺階、一個臺階地登，這樣能更容易更順利地登上高處。當個體先接受了一個小的要求後，為保持形象的一致，他可能再接受一項重大、更不合意的要求，這叫做「登門檻效應」，又稱「得寸進尺效應」。

心理學家認為，在一般情況下，人們都不願接受較高較難的要求，因為它費時費力又難以成功。相反地，人們卻樂於接受較小的、較易完成的要求，在實現了較小的要求後，人們才會慢慢地接受較大的要求，這就是「登門檻效應」對我們的影響。

明代洪自成也曾談到這個問題，他在《菜根譚》中說：「攻之惡勿太嚴，要思其堪受；教人之善勿太高，當使人可從。」

How to use?

🔍 推銷員的業績提升法

推銷員就經常使用這種技巧來說服顧客購買他的商品，通常成功的推銷員都不會向顧客直接推銷自己的商品，而是提出一個通常人們都能夠或者樂意接受的小小要求，從而一步步地最終達成自己推銷的目的。

其實對於推銷員來說最困難的並非是推銷商品本身，而是如何開始的第一步。當你讓一名推銷員到你的屋裡，可以說他的推銷已經成功一半了，即使你開始並不想買他的帳，僅僅只是想看看他如何「表演」。

推銷員發現，如果在門檻邊就開始推銷產品，那麼推銷多半會失敗。而一旦進入到主人家裡，再推銷產品，推銷成功率就會大大提升。

但是，顯然不能在門檻邊上就說：「我要進你家門向你推銷東西。」於是，不同產品的推銷人員就會各顯神通。例如，推銷清洗廚房去污劑的銷售人員通常會自我介紹：「公司舉辦免費清理廚房的活動，你們家廚房髒嗎？我免費幫您去污。」

於是，貪小便宜的，放不下面子的，就將此人請進家門，開始去污。廚房整理好了，你看人家灰頭土臉的，給人家倒杯水，小坐一下，也是人之常情。

那麼，銷售人員就可以開始說服你了。最後的結果是，你買了去污劑，銷售員幫你清了一次廚房。

這等於是，銷售員把你買了產品之後要做的事情：買一次去污劑，免費去污一次，提前到買之前幫你完成了，二者實質完全相同。

有時我們會發現這種方法的確是個達成目標的好辦法，尤其是用在和不太熟悉的人打交道的時候，偶爾使用一次，成功率還是挺高的。

使新人容易達成預期目標

在要求他人或者下屬做某件較難的事情，而又擔心他不願意做時，可以先向他提出做一件類似的較小的事情。

同樣，對於一個新人，上級不要一下子對他們提出過高的要求，建議你先提出一個只要比過去稍有進步的小要求，當他們達到這個要求後，再透過鼓勵，逐步向其提出更高的要求，這樣員工容易接受，預期目標也容易實現。

這裡面的心理變化是微妙的，但是記住，有的時候還是要看住自己的「門檻」，該拒絕的時候一定要拒絕。

又如提案時，如果你能同時準備兩個方案，第一個為障眼法、第二個才是真正提案，如此將有助於提高通過的機率。

「跳起構得著」才有成功的喜悅

例如，教師制定目標時，一定要考慮學生的心理發展程度和學生的心理承受能力。要分析不同程度學生現有的發展程度，根據不同素質、不同能力程度的學生的基礎與表現，制定不同程度的具體目標，使學生經過努力能夠達到，即「跳起構得著」，使每個學生都能獲得成功的喜悅。

例如學習有困難的學生，教師不宜一下子對他們提出過高的要求，而是先提出一個只要比過去有進步的小要求，當學生達到這個要求後再通過鼓勵逐步向其提出更高的要求，學生往往更容易接受並力求達成。

因此，教師在教育過程中，應將遠期目標和近期目標結合起來，將較高的目標分解成若干程度不同的小目標，以刺激學生的積極性。學生一旦實現了一個小目標，或者說邁過了一道「小小門檻」，那麼教育前景就寬闊得多了，家長也是同樣的道理。

例如，要求學生養成良好的學習和生活習慣，我們可以首先要求學生從自己的不足做起，根據自身問題制訂一個時間段，例如一周、半個月或一個月來養成一個好習慣的目標。

又或者是養成「不隨意發脾氣」、「抓緊時間做事」、「傾聽別人說話」、「不隨地扔垃圾」、「勤於思考」、「聚精會神聽課」、「做功課仔細認真」等習慣。長此以往，良好的學習和生活習慣便會功到自然成。

如何避免他人運用「登門檻效應」？

本質上，「登門檻效應」和一些旅遊景點的強迫推銷是完全相同的，都是讓你購買了計劃外的物品。只是，「登門檻效應」是不違法的，屬於「溫柔的一刀」，笑著逼你答應。

因此，若要提高防禦此種效應的發生，那麼得從門檻開始，得從不貪小便宜開始，連一開始的機會就不給，便可有效預防別人的侵門踏戶了。

心機小練習

（改寫句子，以符合本篇主旨）

你想跟朋友借一萬元。

你卻先請他借 _____ （較少的金額）

_____

你希望孩子替你整理花圃。

你卻先請他幫忙 _____ （較簡單的家事）

_____

24 假提不合理要求，以達成目標要求

「有理智的教育和培養能帶來益處，而失去理智將帶來危害。」

——古希臘哲學家　蘇格拉底（Socrates）

學校的一名學生在犯了錯誤後離家出走，把導師急壞了，過了幾天學生安全地回來後，導師反倒不再過多地追究這名學生之前所犯的錯誤，這是為什麼？

實際上在這裡，離家出走就相當於「嚴重的事」，是導師沒辦法接受，也是不希望再發生的一種結果，而學生之前犯的錯誤就相當於「次嚴重的事」，雖然原來難以接受，但相對於離家出走就顯得可以接受，實際上這就是所謂的「拆屋效應」，只不過好像學生通常用得比老師要好。

因此，在教育孩子的過程中，教育方法一定要恰當，能被孩子所接受，同時，對孩子的不合理要求或不良的行為絕不能遷就，特別要注意不能讓孩子在這些方面養成與人討價還價的習慣。

心理實驗

美國社會心理學家弗里德曼與弗雷瑟於一九六六年做的實驗中提出了「拆屋效應」，實驗與前篇的「登門檻效應」似乎有點異曲同工之妙，此一效應在現實生活中也很常見。

過程是這樣的：實驗者讓助手到兩個社區勸人們在房前豎一塊寫有「小心駕駛」的大標示牌。

在第一個社區時，直接向人們提出這個要求，結果遭到很多居民的拒絕，接受的僅為被要求者的十七％；在第二個社區，他們先請求各居民在一份贊成安全行駛的請願書上簽字，這是很容易做到的小小要求，幾乎所有的被要求者都照辦了。

接著，幾周後再向他們提出豎牌的要求，結果接受者竟占了被要求者的五十五％（這就是前篇的「登門檻效應」）。

原理分析

「拆屋效應」的產生可能由於：在面臨不希望發生的事，同時有兩種心理機制啟動，一是設法採取一些措施以避免事情的發生，二是開始調整內在的心理矛盾，準備接納不可改變的事實。如果在調整進入平衡狀態時，出現的一個新的選擇與內在平衡狀態相近時，就很容易被內化接納。

這種先提出一個很大的要求，然後再不斷降低要求以被他人接受的現象在心理學上被稱為「拆屋效應」。

如何來解釋這種現象呢？拿兩種情況做一下對比，第一種是先提出一個不合理要求，再提出一個相對較小的要求，第二種是直接提出這個較小的要求，比較哪種情況下的要求更易被接受。

實驗結果表明，在前一種情況下提出的要求更容易被人們所接受，而直接提出要求反而不容易被接受。

通常人們不太願意兩次連續地拒絕同一個人，當你對第一個無理要求拒絕後，你會對被拒絕的人有一種歉疚，所以當他馬上提出一個相對較易接受的要求時，你會盡量地滿足他，而不太願意連續兩次擺出拒絕的姿

態，畢竟我們並不想因為自己的行為而讓人覺得我們想拒絕這個人。

「拆屋效應」與「登門檻效應」的兩個變數

　　魯迅在一九二七年「無聲的中國」一文中的理論，提出：如果這屋子太暗，你主張要開天窗，中國人的性情總喜歡調和、折中，一定會說不行，但若你耍狠、裝硬漢說要拆屋頂，大家就會出來調和，最後願意開天窗；這種先提出反差或是反對的意見的人，反而最後是寵兒，在心理學上稱為「拆屋效應」。

　　而「登門檻效應」（得寸進尺效應）指的是讓別人接受一個很大的、甚至是不客氣的要求時，最好是先讓他接受一個小要求。一旦他接受了這個小的要求，他就可能接受更大的、更不客氣的要求。這是因為人們總願意把自己整飾出頭尾一致的形象。例如他一旦表現出助人為樂的言行，即使別人以後的要求有些過分，為了維護印象的一貫性，他也會繼續幫助下去。

　　兩者不矛盾，而是出現的條件不同。「拆屋效應」中的目標者，對滿足行動者的要求有較大預期，即目標者認為自己可以滿足行動者；而「登門檻效應」中的目標者，對滿足行動者的要求較小預期，即目標者認為自己滿不滿足行動者都可以。

　　基於這樣的心理狀態，給出一個較大要求，雖然不能使「拆屋效應」的目標者立刻滿足行動者的要求，卻因為錨定效應提高了對要求的忍耐度，更容易接受一個平常不會接受，但比起大要求要小的要求。

　　而「登門檻效應」的目標者本身預期就小，對較大要求大都會立刻

拒絕。但是，當給出一個較小要求時，「登門檻效應」的目標者予以滿足後，一個又一個的要求逐漸提高了他的預期，最終使他能夠滿足一個較大的要求。

在這個分析框架中，重要的是兩個變數：「預期」和「忍耐度」。它們的變化導致了兩個效應的反向。

談判時別忘了預留天窗

「拆屋效應」也是在談判中常運用的有效技巧，有時候需要在談判一開始就拋出一個看似無理而令對方難以接受的條件，但這卻並不意味著我們不想繼續談判下去，而只代表著一種談判的策略罷了。

這是個非常有效的策略，它能讓你在談判一開始就占據著比較主動的地位，但記住這只是「拆屋」，如果想讓談判真正有所進展，不要忘記「開天窗」。所以，如果你的一個要求別人很難接受時，在此前你不妨試試提出一個他更不可能接受的要求，或許你會有意外的收穫。

在人際交往中，當我們要求某人做某件較小的事情又擔心他不願意做時，可以先向他提出做一件類似的、較大的事情。

心機小練習

（改寫句子，以符合本篇主旨）

你想跟朋友借兩千元。

你卻先請他借 ----------------------------------- （較多的金額）

你希望孩子替你洗碗

你卻先請他幫忙 ------------------------------------ （較困難的家事）

25 事前想得清，事中不折騰

> 「快樂不是你延後將來要做的事，而是你計劃現在要做的事。」
>
> ——美國勵志作家　吉姆·羅恩（Jim Rohn）

有一個勤奮的商人，在小鎮上做生意長達十多年，沒想到後來，他竟然破產了。當他的債主跑來要債時，可憐的商人表示自己不知道錯在哪裡。

於是商人問債主：「我為什麼會失敗呢？難道我對顧客的服務態度不好嗎？」

債主說：「我覺得事情沒有你想得那麼嚴重，你依然有很多資產，你完全可以從頭再來。」

「什麼？你要我從頭再來？」商人有些生氣。

「是的，你應該把目前經營的狀況列在一張負債表上，好好清算一下，然後做一個復出計劃。」債主好意勸道。

「你的意思是讓我把現有的資產和負債情況核算一下，列出一張表格嗎？然後把店的大門、地板、桌椅、櫥櫃、窗戶刷新一遍，重新開張嗎？」商人有些納悶。

「是的，你現在最需要的就是按你的計劃去辦事。」債主堅定地說道。

「事實上，這些事情幾年前我就想做了，但是一直沒有去做。也許你說

的是對的。」商人自言自語道。

後來，他真的依照債主的建議去做了，在晚年的時候，他的生意越來越有起色。

一個做事沒有計劃、沒有條理的人，無論從事哪一行都不可能得到好的成績。做事沒有計劃，是許多人失敗的一個重要原因。

事實上對一個人來說，按計劃做事不僅是一種做事的習慣，更重要的是反映了他做事的態度，是成功與否的重要因素。因為出色人士與平庸之輩的基本差異並不是天資、機會，而在於有無目標。起跑領先一步，人生才能領先一大步，關鍵在於計劃是成功的開始。

心理實驗

「布利斯定理」是由美國行為科學家艾德・布利斯（Ed Bliss）所提出的，意指用較多的時間為一次工作做事前計劃，那麼做這項工作所用的總時間就會減少。

有這樣一個實驗：

專家把學生分成三組，進行不同方式的投籃技巧訓練。

第一組學生在二十天內每天練習實際投籃，把第一天和最後一天的成績記錄下來。

第二組學生也記錄下第一天和最後一天的成績，但在此期間不做任何練習。

而第三組學生記錄下第一天的成績，然後每天花二十分鐘做想像中的投籃；如果投籃不中時，他們便在想像中做出相符的糾正。

實驗結果表明：第二組沒有絲毫長進；第一組進球增加了二十四％；第三組進球增加了二十六％。

由此，他們得出了結論——在行動前先用頭腦熱身，構想要做之事的每個細節，整理思路，然後把它深深銘刻在腦海中。那麼當你行動的時候，你就會更加得心應手。

這個實驗告訴我們計劃的重要性。做事沒有計劃，行動起來就必然會是一盤散沙。只有事前擬定好了行動的計劃，梳理通暢了做事的步驟，做起事來才會應付自如，因為好的規劃是成功的開始。

原理分析

「凡事預則立，不預則廢」。做一件事，只有美好的設想是遠遠不夠的。計劃可以讓你的設想有科學的分析，讓你知道你的設想是否真能實現；計劃可以作為你實現設想過程的指示，大大節省你的時間，減輕壓力。有了好的計劃，你就有了好的開始。

一旦人們做了某種選擇，就好比走上了一條不歸之路，慣性的力量會使這一選擇不斷自我強化，並讓你不能輕易走出去。

俗話說：「磨刀不誤砍柴工」，表面的意思是在刀很鈍的情況下，會嚴重影響砍柴的速度與效率。然而如果在砍柴之前花些時間把刀磨鋒利，砍柴的速度與效率就會大大地提高，砍同樣的柴反而花的時間比鈍刀少。

也就是說，**要把一件事做好，不一定要立即著手，而是先要進行一些籌劃、進行可行性論證和步驟安排，做好充分準備，這樣才能提高辦事效率。**

生活中，很多人之所以失敗，很重要的一個原因就是他們沒有養成計劃的習慣，他們想到哪、做到哪；心情好的時候這樣做、心情不好的時候那樣做，這樣就很難成功。或許他們很勤奮，也付出了很多，但就是難以見到成效。

事實上對於一個人來說，按計劃辦事不僅是一種做事的習慣，更重要的是反映了他做事的態度，是成功與否的重要因素。其實出色人士與平庸之輩的基本差異並不是天賦、機會，而在於有無計劃的目標。

How to use?

🔍 拆分大目標，再各個擊破

我們知道，想移走一座大山似乎不可能，但如果把山看成一個個小土丘，然後逐個移除小土丘，堅持下來，就很可能移動一座大山。同樣的，讓我們把一個宏偉的目標分解成一個一個的小目標去完成，我們就會發現看似不可能的事情似乎簡單了許多。

日本著名的馬拉松運動員山田本一正是透過「智慧」而贏得了比賽的冠軍。

他在自傳中寫道：「每次比賽前，我都要搭車將比賽的路線仔細地勘察一遍，並把沿途比較醒目的標誌畫下來。例如第一個標誌是一家銀行，第二個標誌是一棵樹，第三個標誌是一座公寓……這樣一直到賽程終點。」

在一個看似遙遠的目標面前，要想避免盲目，最好的辦法就是制訂具體的計劃，將大目標細分為小目標，再將小目標拆分成詳細的實施步驟。與此同時，在大目標的指引下，堅持不懈地向前邁進。

🔍 用心計劃，卻不能執著於計畫

一個善於事前計畫的人，除了做事的成功率較高之外，也往往給人一種「一切都在計算之中」的安心感。但如果緊抱著計劃而不臨機應變，

那反倒又被計劃給框住了。

做事情最重要的是「達到目標」，而不是「體現計畫」，計畫只是達成目標的手段。

絕對要努力計劃，否則將難以取得他人和團隊的信任。但有件比維持計劃更重要的事，就是你得不斷地提醒與重新修正專案的目標，行進的路線可以改，可以重新定位，但大家的目標必須一致。

美國艾森豪將軍的名言：「Plans are nothing, planning is everything」，這告訴我們，既定計畫往往跟不上現況，唯有持續地謀劃才是王道。計畫是個「動詞」，而不該是個「名詞」。

給予計劃自由，卻不能放棄紀律

經常有人將風箏與愛情做比喻——對待情人就像放風箏，手抓得太緊，線收得太短，風箏飛不起來，沒有自由的風箏也就不是風箏了。

但要是沒有那條線，也稱不上放風箏，斷線風箏很快就會隨風而去，只留下仰嘆的你。那條線就是你們彼此的牽絆，這當中鬆緊的拿捏就是學問了。

因此，給予每個人發揮的空間是絕對必要的。但同時也兼具「掌控風箏線」的責任，透過統一制定的進度回報機制，合理的績效設計，簡潔有效的流程設計，才能讓風箏乘風高飛，也能收放自如！

保持樂觀，但不相信好運憑空而降

讀過《從A到A+》一書的朋友可能記得有一段美國在越戰時期的戰俘史托迪上校的故事。他被越共囚禁七年，受盡種種不人道的待遇，卻還能在集中營裡透過暗號等方式鼓舞同袍。

他在被釋放後被問到生存的秘訣，他說，戰俘營裡最容易放棄的人，往往是極度的樂觀主義者，他們期待自己很快被釋放，結果一而再、再而三的失望給予殘酷的打擊，最後終於崩潰。

而史托克的理論是：我們應該樂觀地相信終有一天會被釋放，但在此同時，也必須認清現實的殘酷，好日子絕不會那麼快來臨。這就是管理界津津樂道的「史托克弔詭」（Stockdale Paradox）。

我們也該好好體會一下「史托克弔詭」——對最終的成果保持樂觀，但同時也相信，好運不會憑空而降，一切該有最壞的打算。

心機小練習

（改寫句子，以符合本篇主旨）

你想安排一個花蓮小旅行。

你的步驟是： _____

_____

你想在六個月內存到三萬元。

你的步驟是： _____

_____

心機備忘錄

不要對孩子說：「你們這些當小孩的就是不會體諒父母！」你可以對一個孩子說：「你怎麼不會體諒父母呢？」但不要去攻擊對方所屬的「群體」，因為當被批評的內容是自己所無法改善的部分的時候，就很容易產生悲傷與憤恨的情緒。

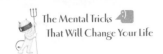
26 拒絕，更能有效提升對方信任度

> 「人類的心理就是這樣，而且，似乎永遠都是這樣：越是得不到手的東西，就越是想得到它，而且在實現這一願望的過程當中遇到的困難越大，奮鬥的意志就越是堅強。」

——義大利作家 喬萬尼奧里（Raffaello Giovagnoli）

一則關於日本的新聞報導，主題是「草食男與肉食女」，因為男性越來越被動，以至於變成「草食動物」，女性就要開始積極一點。

此報導還探討了現代男女找不到交往對象的議題，以至於婚友聯誼開始普遍興盛，最後仍舊回歸到女性是否需要主動的問題上。

現代女性意識抬頭，地位提升，許多都會新女性開始主動爭取自己想愛的與想擁有的。

再者，近年宅男文化興盛，讓很多男人待在家不想出門，使女性認識好男人的相對機會越來越低，難得遇到喜歡的男性也不敢相約，男人太宅，女人太羞，於是單身者越來越多，許多女生礙於千古以來傳統的「矜持」包袱，相信雖然「女追男，隔層紗」，但男性不見得會珍惜。

因此許多兩性書籍總會告訴我們，第一次的約會要讓男生主動，採取「先拒絕再答應」、「電話不要立即接」、「就算很閒也要假裝很忙，讓對方感覺自己是很有身價的」……因為這樣男生才會追你、約你、進而珍惜你……不然只會變成「他其實沒那麼喜歡妳」，而這種說法其實是有一定的

道理的。

許多心理效應並不是教人「陽奉陰違」或是「卑躬屈膝」，而是如何使對方對你產生好感，以便能與他有良好的互動，是一種實用的成事攻略方法。

舉例來說，在職場上，一開始下屬對上司說，其實他對上司的某些看法一時還難以接受，但經過上司的說明之後，下屬便對上司表示能理解，並說上司會選擇這樣的方式去處理果然是有他的道理的。

進而再表現出自己需要再重新進行調查或者思考新的方案的態度。如此，就能讓上司對他產生比起一開始就表示認同來說更直接的好感。

這裡的重點在於一開始先和對方唱反調，然後再一點一點地同意他的想法。重點在於要讓對方覺得「你被他說服了」，這比起一開始就說「是」的好感度與可信度要大得多。

最重要的是，對方會產生一種「總算說服他了」的滿足感，能大幅地提高他的自尊心，原本是反對自己意見的人，但最後卻能說服他和自己站在同一陣線上，這時候對對方所萌生的好感度鐵定就能達到巔峰。

原理分析

每個人都會時常關心一個問題，那就是「要怎麼做才能讓別人喜歡我？」

這也是心理學家馬斯洛（Abraham Harold Maslow）所提出的「想得到認同」、「想被別人喜歡」的渴望（也稱為「愛與歸屬需求」和「尊重需求」），是在每個人身上都會發生的現象。

即使獲得他人的喜歡，對自己來說也許沒有什麼實質上的好處，但人們還是渴望他人能喜歡自己。因此，如果能得到別人的喜歡，還可以同時獲得其它好處的話，那麼這種需求會直線上升也是很自然的事。

例如最典型的莫過於在工作場合上：「想讓上司、同事、下屬喜歡自己」、「希望客戶對我有好感」等等，這些都是理所當然人們希望的事。

那是因為如果上司和同事喜歡自己，那麼工作就能進行地比較順利；如果部下喜歡自己，那麼在領導上就不會有問題；如果客戶對自己抱持著好感，就會向自己購買產品，這一切都會有好處隨之而來。

那麼**如何讓對方對你有好感、進而信任你呢？很簡單，只要適時地對對方說「不」就可以了。**

這和所謂的「諂媚」有所不同，因為心理效應只不過是一種「先取悅，後提出要求」的概念，它不只適用於上班族，舉凡所有在生活上與你有著密不可分關係的人，你都應該想辦法「讓自己與對方有更好的溝通關係」，以增加你的人氣魅力達成目的。

🔍 如何適時地提出反對意見？

若想要鋪梗在之後能說「沒錯，你說的對。」這句話，以取得對方好感的話，需要有相當的訣竅。

第一個訣竅就是要能「適時地提出反對意見」，如此便能增強贊成時的可信度。

也就是說，總是把「是」掛在嘴邊的人，就算說「是」，別人也不

太會把他當一回事；然而對於一個有時候仍會說「不」的人，如果說了「是」，那麼他能得到的信賴則將完全不同。

注意，說「不」的時機也是相當重要的，務必記住一個原則——「在細微的小事上說不，在重要的大事上說是」。

主動取得好感：積極讚美對方優點

若要輕易地取得對方對你的好感，「讚美」也是一種方法。讚美很容易就與順從他人意見的行為混為一談，所謂的順從他人意見，消極所占的層面比較大，而讚美卻是「主動」出擊，積極地去挖掘出別人身上的優點，在這一點上兩者有很大的不同，但也正是如此，此招數或許會顯得較為困難。

同時，這一招如果使用不當，還有可能會在背後被人議論，因此讚美人也不能隨便亂讚美。

例如，你可以透過第三者來讚美對方，更容易取信於他人。與其當著主管的面對他說：「經理，您真是指導有方啊！」不如透過別人在他面前說：「我常聽別人說經理您的指導能力實在是一流的！」

這種間接的讚美法，不但可信度會提高，而且也不容易讓人覺得你在拍馬屁。

讚美要點：找出別人鮮少讚美之處

這個道理就像是有一位大正妹，大家每天都稱讚她長得漂亮，久而久之，她也會聽得沒感覺。所以當你想去讚美她時，就要反過來讚美她的內在才行。

如果是幹練的秘書，就讚美她溫和且體恤人的這一面；如果是溫和

的課長，就讚美他處事俐落的一面。如此一來，對方將驚訝於你竟然發現其「不為人所知的長處」，也會因此對你更加有好感。

提升信任：做出讓對方高興的事

記住，在這個社會有一個不成文的規矩，那就是所謂的「受恩必還報」。因此我們將這一點反過來利用，就以親切的行為來博得對方對自己的好感。

例如，過年過節送禮不必說，其它方法還包括像是有時間的話，替上司同事分擔一些工作、陪目標對象談心聊天，以紓解對方的壓力等等，多做一些讓對方難以回報的事，日後便可有效運用這份人情。

心機備忘錄

想向別人道謝時，請記住務必多說幾次。因為「得到幫助」的感覺只會越來越淡，而「對別人付出」的感覺卻會越來越深刻，當別人幫助我們時，當場就要道謝，以後，可在隔一段時間後再度致謝。

27 好事記得早說，壞事務必晚說

> 「內容豐富的言辭就像閃閃發光的珠子。真正聰明睿智的言辭卻是簡短的。」
>
> ——英國作家 法蘭西斯・培根（Francis Bacon）

假設有一個小孩在玩樂高積木，玩了一下子以後覺得無聊，那麼你可以有兩種方法讓他重新開心起來：第一種方法是給他更多的樂高積木，第二種方法是教他用現有的積木堆出更厲害的造型。

經濟學的專業在於如何增加人們的財富，也就是如何增加積木；而幸福學的專業在於財富在一定的情況下，如何放大人們的幸福，也就是怎麼用現有的積木堆出更漂亮、更不同的造型。

也就是說，如何在不增加財富的情況下，增加自己和他人的幸福，同時更能快速達到個人的目的呢？

心理實驗

卡內基美隆大學的行為經濟學家喬治・魯文斯坦教授（George Loewenstein）曾做過一個實驗：

A組大學生被告知，他們過一會兒有機會得到一個吻，而且是來自自己最喜歡的電影明星；另B組則被告知，在一週後得到同樣一個令人激動的吻。結果是B組學生的滿足程度會高於A組，因為他們在期待的這一個

星期裡，每天都會以非常真實的心態想像自己和最喜歡的電影明星接吻的情形，就好像自己已經和那個明星接吻過好多次一樣。

換句話說，如果要給孩子獎勵的話，晚說不如早說，就能極大化他們的快樂，當然也就更能達到激勵的效果。

原理分析

現實中你最欣賞的人是誰？想像一下，如果你有機會和你最欣賞的人約會一小時，你會想要馬上實現還是過三天再實現呢？「馬上讓他在我面前出現吧！」大部分人一定迫不及待。

不管做任何事情，最重要的是**體驗過程中的樂趣，而不是追求結果如何，世事多變，事情不會總朝著我們想要的那樣發展，但如果能享受到過程中的甜美，結果就變得不重要了。**

盲目追求目標，反而讓人忘了享受人生的旅程。重要的不在於達成什麼，而是享受當下，大部分人多半都活在過去或未來中……

生命是一種長期而持續累積的過程。很多當下我們看似很重要的關鍵時刻，在往後的日子裡回想起來，都漸漸變得微不足道。

任何事都一樣，用盡全力去做，用最好的方式達到最大的效果，那麼，在過程中也一定能獲得寶貴的經驗，能助益我們的下一次成功。

如何創造持久的心理滿足？

如果你決定送別人一件禮物，並且十分確定這是一件會讓對方高興

的東西，那麼不妨早點告訴他吧！如果你要請一個女生到一家高級的法國餐廳用餐，你知道她已經想去很久，那麼不要在吃飯的前幾天才告訴她，而要提前一兩周就告訴她。

在之後的一兩周裡，你最好再提醒她幾次。如此，她就有很多時間去憧憬那個法國餐廳的情景和美食，好像她已經享受過好幾次一樣。所以，提前告訴別人你準備請她好好地美餐一頓，你能花一頓飯的錢讓朋友感受到更多頓飯的愉快。

人們不是常說，真正重要的是過程，而不是結果嗎？所以，讓接受獎勵或者禮物的人在期待獎勵或禮物的過程中能得到持久的心理滿足，當別人一遍又一遍地想像收到獎勵或禮物時的快樂模樣，你在別人心中的好感度也會不斷地加強。讓別人好好期待，就能讓你的獎勵或禮物隨著時間不斷增值。

讓痛苦的折磨減至最小的方法

好的事情要早點說，讓對方在等待和憧憬的過程中想像更多的幸福。那麼壞的事情呢？

阿傑的女兒正在換牙。有一次，阿傑準備帶她去拔牙，他提前一個月就把這件事情告訴女兒，好讓她做好心理準備。可是他卻沒有想到，這拔牙前的一個月可把女兒折磨壞了。因為她每天都對著日曆數天數，看看還有幾天要去拔牙。眼看著拔牙的日子越來越近，女兒的每一天都像是世界末日。

其實，正因為阿傑提前把拔牙的安排告訴了女兒，才給她造成那麼大的心理壓力。在等待拔牙的日子裡，拔牙的痛苦已經被想像了好多遍，就好像已經拔了好多次一樣，真是虧大了。

　　所以，如果你要帶孩子去拔牙、或者是打預防針，一定不要事先告訴他，等到那一天再把他從學校接出來直接帶往診所，還沒等他明白過來是怎麼回事前，「事情」已經被處理完了。

　　很多時候都是如此，對壞事情等待的過程是最折磨人的。例如我們知道有件重大的事情即將發生，並且大家都預計這件事情肯定會對股市產生重大影響。在事情還沒有發生時，由於人們的恐慌，這件事情對股市的影響要比事情真的發生時還要更大。

心機備忘錄

　　要稱讚別人時，例如對方的新髮型很好看，你不能說：「你的新髮型很好看。」只稱讚對方的「身外之物」就像只是在說「我稱讚的是髮型，不是你」。正確的說法應該是：「你的新髮型好搭你的臉型，非常好看。」

28 不能因過度相信，就失去紀律

「對於人的意念，沒有事情是不可能的，你可以使用它所有的指引和力量。當你完全瞭解思考造就一切，你將知道從來沒有任何限制不是你自己加上去的。」

——美國勵志作家 艾爾・安德森（Uell Stanley Andersen）

　　一九六五年時，美國核子公司什麼都做，但什麼都虧，因此瀕臨破產邊緣。當時，核子公司出現了一位執行長名為艾佛森，他召開一系列的總經理會議，每次都讓同事面對問題，認真地把問題翻來覆去地討論。

　　那幾年，艾佛森的辦公室裡永遠有同事在裡面互相叫陣、吵吵嚷嚷：他們在爭吵、辯論中賣掉核子能源事業；在爭吵、辯論中把重心移到鋼製托樑上、開始自行製造鋼鐵、蓋第二座迷你鋼廠……於是，公司的策略在許多痛苦的爭辯中逐漸成形，唯一不變的就是他們堅持要找出成功之路的信念。

　　三十年後，美國核子公司成為全球第四大鋼鐵製造公司。到一九九九年，這家公司的獲利已超越美國其它的鋼鐵公司。

　　失敗是殘酷的，但從許多人身上我們也看到，失敗和成功往往互為因果，如果我們相信：當失敗來臨，成功就在眼前，那麼面臨失敗時，會有更多勇氣和毅力繼續奮戰下去。

心理實驗

《從A到A+》的作者吉姆・柯林斯（Jim Collins）曾有機會與史托克戴爾（Admiral James Stockdale）共進午餐，史托克戴爾是一位美國海軍上將，他是越戰期間在被稱為「河內希爾頓」的越共戰俘營中官階最高的美國軍官。

史托克戴爾於一九六五年至一九七三年間被囚禁了八年之久，而且遭受了二十多次酷刑的折磨，毫無人權，不知何時才能重見天日，甚至不確定還能不能活著見到家人。

但是他仍一肩挑起戰俘營指揮官的重任，一方面和越共周旋，阻止他們把戰俘當作宣傳工具，另一方面又要盡一切努力，幫助更多的戰俘不至於崩潰並設法存活下來。他發明了一些規則，來幫助同僚應付嚴刑逼供，他甚至還建立了微妙的戰俘營內部通訊系統，運用敲打密碼來代表英文字母。

最後，當他被釋放後，成為了美國海軍史上第一位同時榮獲航空勳章和國會榮譽獎章的三星將官。

在餐會中，柯林斯問史托克戴爾究竟是怎麼熬過來的。

戴爾說：「我沒有喪失信心，我不但不懷疑自己終於能脫困，而且也相信我一定能活下來，這段經歷變成扭轉我人生的關鍵，現在回頭來看，我不願和任何人交換這段經驗。」

柯林斯問：「哪一種人通常無法堅持到最後？」

戴爾說：「樂天派的人。」

柯林斯說：「樂天派？我不懂，請你解說一下。」

戴爾說：「樂天派的人會說『聖誕節以前，我們就會被釋放。』結果，聖誕節來臨了，聖誕節又過去了。然後他們又說：『復活節以前，我

們一定會脫困。」結果，復活節也過去了。接下來，是感恩節，然後聖誕節又來臨了。最後，他們因為心碎而死。」

戴爾說：「我從這個經驗中學到了很重要的教訓：一定要相信自己能獲得最後的勝利，絕對不可以喪失信心，但同時，也必須很有紀律，不管眼前的現實是多麼殘酷，都必須勇敢面對，千萬不要把對未來的信心和面對現實的紀律混為一談。」

史托克戴爾面對困境的心理，被柯林斯稱為「史托克戴爾弔詭」（Stockdale Paradox），即面對困境時，一方面忍痛接受了殘酷的現實，但另一方面，殘酷的現實絲毫沒有動搖他們對未來的信心，而且盡管看到了殘酷的現實，他們的決心依然屹立不搖。

原理分析

一般人，如果有著堅強的意志力，就很難兼有如大海般的包容；或者有著顧全多方的軟心腸，卻得經常犧牲自己的願望。

一將功成萬骨枯，歷史上的諸多帝王，為實現自己所認為的理想，往往使用極致的手段，剷除各方阻礙他前進的障礙。

在被囚禁的期間，任誰都無法知道何時得以獲救，不像當兵還可以數饅頭，那是一種沒有期限的惡夢，究竟是什麼在支持他的信心？

史托克戴爾上將發現熬不過困境的多半是樂觀者，在一次次的希望破滅後放棄求生的意志而死去。他知道必須保持活下來目的的信心並努力，認清自己沒有行動和選擇的自由，擬定生存計劃將是有害無益的。

一個是「眼前的事實」，另一個則是「未來的夢想」，兩個遙遙對立的狀態，要用什麼樣的心來將兩者連接？從倖存者經驗的教訓表示，即使不明白未來狀況，或者無法掌控目前行動，也應該認清達成高層次目的

的可能性。

　　能夠貫徹自己的意志，卻又同時圓融寬厚不具殺傷力，這樣看似「相反」且「對立」的性質，要如何能夠同時俱存呢？

　　史托克戴爾弔詭的關鍵便是，**一定要相信自己能獲得最後的勝利，絕對不可以喪失信心。但同時，也必須很有紀律，不管眼前的現實是多麼殘酷，都必須勇敢面對，千萬不要把對未來的信心和面對現實的紀律混為一談。**

How to use?

🔍 設定底限，打一場輸得起的仗

　　既然難以避免失敗，那我們一定要打「輸得起的仗」，必須在輸得起的範圍內往前衝，如此一來，即使失敗，還能站起來。尤其當失敗超乎預期，也要在第一時間內面對和解決。

🔍 始終維持良好的人際關係

　　維持良好的人際關係和信譽是反敗為勝的重要助力與支撐力。例如，企業經營失敗時，投資者也蒙受損失，此時，最重要的是如何處理失敗，不搞壞人際關係，留住日後東山再起的人脈本錢。

　　許多時候，失敗就像一所學校，讓人有機會學得更紮實的工夫。但是，多數人卻承受不起而自殺，或者消極一生。

　　綜觀許多創業人士大失敗或小失敗的故事可以發現，若想要有敗部復活的機會，最根本的還是能夠咬緊牙關，不畏懼從零開始。

把失敗經驗當成成功的踏腳石

美國最受歡迎的訪談節目主持人歐普拉，創造了《財富》雜誌形容的「超越演藝事業的歐普拉企業王國」，年營業額曾達到了九億八千八百萬美元。

歐普拉成功之前也吃過許多閉門羹，非裔的背景讓她只能以低俗搞笑起家。可是她卻從別人的批評與冷嘲熱諷中，不斷地修正路線，在深度又感人的人物訪談節目中，找到一條力爭上游的路。

她說：「這麼多年來我還是常因為挫折而偷偷哭泣，不過我現在沒那麼驚慌了，因為我發現，失敗與拒絕，是成功的一面鏡子，只不過它照出來的是相反的方向。你只要願意仔細地正視這面鏡子，你一定可以看到成功的自己在裡面。」

心機備忘錄

希望對方對你溫柔，你的做法並非是指責他「不溫柔」，而是要誇獎他「很溫柔」，如此，再怎麼不溫柔的人，也一定會有一些溫柔的言行舉止。你只要說破這一點，對方就會產生「原來我也有待人溫柔的時候」的自覺，便可以更激發出他的溫柔特質。

Chapter

5

破解問題篇

The Mental Tricks
That Will
Change Your Life

每個人都會有這樣的想法：如果出了
問題，責任是大家的，不是我一個人
的。如果一個團隊中的每一名成員都
在這種想法之下做事，那麼由集體做
出的決定往往就更為冒險，責任就
被擴大化了，這是值得我們提高警惕
的。

29 指定一個人，別找一群人

「責任推託，到此為止。」
——美國第34任副總統 杜魯門（Harry S. Truman）

個辦公室裡原本有三個人，每次辦公室的值日生工作都由約翰負責。後來，辦公室又新來了一位同事，約翰就和那位新同事商量輪流打掃，兩個人也配合得相當好，辦公室仍然被打掃得乾乾淨淨的。

後來，又來了一個大學生，他來的第二天早上，同事們來上班時，卻發現地上一片狼藉，大家面面相覷。

原來，約翰和原來的同事都認為值日生應該由新來的同事負責，而那位大學生卻認為值日生已經有人負責了，自己只需要做本職的工作就行了。由此可見，當大家都認為別人會承擔某種責任的時候，事實上就是沒有人承擔責任。

當一個人單獨進行選擇的時候，他必須擔負起所有的責任。但當大家組成一個團隊，集體討論問題的解決方法時，責任就被擴大化了。

因為大家都會有這樣的想法：如果出了問題，責任是大家的，不是我一個人的。

如果一個團隊中每一位成員都抱持著這種想法，那麼集體做出的決定就往往更為冒險，這是值得我們提高警惕的。

心理實驗

　　一九六三年三月十三日的深夜三點二十分，在美國紐約郊外的某棟公寓前，一名在酒吧工作的年輕女子在返家的路上遭刺。

　　當她在空無一人的馬路上大聲呼救時，附近住戶因為聽到了聲響而亮燈，打開了窗戶，此時凶手嚇跑了。當一切恢復平靜之後，凶手返回做案。當她又呼救時，附近的住戶打開了燈，凶手又逃跑了。然而，當她認為已經安全，想上樓回家時，凶手竟再一次地尾隨至樓梯間，將她殺害。

　　在這一個拉扯叫喊的過程當中，盡管她曾大聲呼救，而她的鄰居至少也有近四十位到窗邊查看，但卻沒有一個人來救她，甚至沒有一個人打電話報警。

　　這起集體見死不救的案件震驚了當時的紐約社會，掀起了絕大的興論波瀾，同時也引起心理學家的注意和思考，他們將這一種擁有為數眾多的旁觀者，卻人人不願幫忙、見死不救的現象，稱為「責任分散效應」。

原理分析

　　「責任分散效應」（Diffusion of Responsibility）也稱為「旁觀者效應」，意指當現場如果只有自己能夠提供幫助的情境下，人們會清楚地意識到自己的責任，因此給予受害者幫助，會做出積極的反應，否則自己見死不救的罪惡感將如影隨形。

　　相反的，**若該現場有眾多的圍觀群眾，群體中的每個個體的責任感就會變弱，在面對困難或遇到責任往往會退縮，因為人們會認為「就算我不救，也會有人救」的心態，期望別人多承擔點責任，減輕自己助人的責任感，形成一種責任分散的狀態**。「責任分散」的實質就是人多不負責，責任不落實。

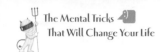

原因分析：

（1）社會惰化效應：法國心理學家特里普利特在一八六八年進行的自行車比賽研究中發現，當一個人和其它人團隊比賽騎車時，要比他一個人用最快的騎車速度要慢三十％。最後他得出結論：當個人認為自己的能力比別人強，而又覺得不公平或群體責任分散時，會出現「一個和尚挑水吃，兩個和尚抬水吃，三個和尚沒水吃」的情況，即群體的工作績效小於個體工作績效之和，這種現象叫做社會惰化效應。

（2）眾人責任心理：此心理是許多責任逃避者的心理屏障。他們認為，任何責任行為，尤其是在集體決策過程中，只要是大家普遍為之的或集體決定的，即使是違法的，也是安全的。因為責任不在於哪一個人，大家都有責任，即使出了問題也不會追究哪一個人。因為法律不可能把眾多的觸犯者都加以懲罰，所以，逃避責任自然也就沒有任何危險了。

許多政府官員、公職人員在權力運行過程中所出現的「責任分散」，多是源於這種心理的支配。

這是一種心理現象，並非人們真的冷酷無情。然而，被害者很可能就在大家猶豫是否出手相救的過程中留下永遠的傷害。這種現象不能僅僅說是眾人的冷酷無情，或者道德日益淪喪的表現。因為在不同的場合，人們的援助行為確實是不同的。

當一個人遇到緊急情境時，如果只有他一個人能提供幫助，他會清醒地意識到自己的責任，對受害者給予幫助。如果他見死不救會產生罪惡感、內疚感，這需要付出很高的心理代價。

而如果有許多人在場的話，幫助求助者的責任就由大家來分擔，因此造成責任分散，每個人分擔的責任很少，旁觀者甚至可能連他自己的那一份責任也意識不到、實行不到，進而產生一種「我不去救，由別人去

救」的心理，造成「集體冷漠」的局面。

也就是說，當人與人之間有相同的目的和命運引起的感情共鳴，可以減少責任的分散。

解決方式：促進「責任凝聚」

試圖避免或解決「責任分散」現象，首先應當促成「責任凝聚」。本質上我們必須建立和實踐與之相適應的集體主義價值觀，在行為選擇上堅持集體主義的價值取向。

集體主義要求我們在行為過程中凝聚力量、增加內聚力。

因此心理學家研究認為：「內聚力」促進了團隊內的溝通，並能逐步形成共有的價值觀，更能加強團隊每個成員對集體的責任感。

同樣，在行政權力運行過程當中，尤其是在集體決策過程中，更需要有凝聚力和整合力，在政策決策、執行和反饋等一系列的環節上都應當注重團隊精神和責任的凝聚。在任何一個環節上出現了「責任分散」都會使權力運行出現問題。因此，促進「責任凝聚」是解決「責任分散」的最優解。

解決方式：提供榜樣示範

研究表明，無論是普通大眾還是行政人員在榜樣的示範作用下，都會增加自己的責任感，從而減少「責任分散效應」的出現。

在權力運行過程中，上級為了表揚模範人物，往往會「大張旗鼓」地公開嘉許，並號召其它人向這些模範人物學習。結果也證明了透過此種

榜樣的示範作用發揮到了很好的效果，對許多員工產生了非常大的精神和心理上的影響，堅定了他們的信念，增強了他們的責任意識。

🔍 解決方式：提高道德修養

道德和責任發生有直接的關係，道德高的員工，其社會責任感要比道德低的員工要高。道德高尚，他能夠明確自己的角色定位，不會隨意推託自己的責任，當然也不容易造成「責任分散」。

而道德低的員工在行使權力的時候，往往容易出現「責任分散」。

當然，我們注重個體的心理因素的時候，制度因素的作用也不能忽視，例如需要建立和完善一個有標準的、有彈性的評價機制。只有在個體的心理層面和制度層面上雙管齊下，才能真正解決我們所面臨的問題。

30 越在意，越走不出心理困境

> 「如果你心裡的聲音說：『你不會畫畫』，那麼你務必要去畫，那個聲音終將會消失。」
>
> ——荷蘭後印象派畫家　文森・梵谷（Vincent van Gogh）

常生活中，經常有些名列前茅的學生在高考中屢屢失利，或者有些實力相當堅強的運動員卻在賽場上表現異常，導致飲恨敗北等案例。

仔細分析，「實力雄厚」與「賽場失誤」之間的唯一解釋只能是心理素質問題，主要原因是「得失心過重」和「自信心不足」造成。

有些人平時戰績累累，卓然出眾，眾星捧月，造成了一種心理定勢——「只能成功不能失敗」。再加上賽場的特殊性，社會、國家、家族等的厚望，使得其患得患失的心理加劇，心理包袱過重，如此強烈的得失心困擾著自己，又怎麼能夠發揮出應有的水平呢？

另一方面是缺乏自信心，產生怯場心理，也就束縛了自我潛能的發揮。

心理實驗

有一名運動員名叫丹・詹森（Dan Jansen），平時訓練有素，實力雄厚，但在體育賽場上卻連連失利。

以下是丹・詹森（Dan Jansen）的初賽資料：

生日：1965年6月17日

出生地：西艾利斯，美國

國籍：美國

項目：速度滑冰

【參加奧運】

1984年南斯拉夫薩拉熱窩冬季奧運

1988年加拿大卡爾加里冬季奧運

1992年法國阿爾貝維爾冬季奧運

1994年挪威利勒哈默爾冬季奧運

奧運成績：金牌1枚

【世界錦標賽】

金牌2枚：1988年、1994年

銀牌2枚：1986年、1992年

銅牌1枚：1985年

在1994年挪威利勒哈默爾冬季奧運會時，丹‧詹森已經贏得了7枚世界杯的獎牌，並且打破過7項世界紀錄，但是之前的三屆奧運會留給他的卻只有無盡的遺憾。

在1984年南斯拉夫薩拉熱窩的奧運上，丹‧詹森名列500米速滑第四，1988年加拿大的卡爾加里冬季奧運時，丹‧詹森是奪金的大熱門，但是在500米比賽的當天早晨，他的姐姐因為肺炎去世。雖然丹‧詹森在比賽中盡了全力，情緒的波動還是無法讓他發揮出最佳水準，隨後的1000米速滑比賽中，他再次失利。

1992年在法國阿爾貝維爾的冬季奧運上，丹‧詹森仍然是金牌的有力爭奪者，但是仍然與獎牌無緣，在500米速滑中，名列第四，1000米項

目上列第26。

在1994年利勒哈默爾冬季奧運會時，丹‧詹森已經是500米速滑的最被看好的運動員，但是在比賽中，他滑倒了，最終只能遺憾的名列第八。

盡管在冬季奧運會上的努力一次次地化為泡影，但丹‧詹森並沒有在七次失利面前放棄。他最後的機會是1000米速滑，對手中，有六名的成績比他好，但這一次，他穩定的發揮延續到終點，以1分12秒43的成績打破世界紀錄，奪得了金牌，詹森終於以一枚奧運金牌為自己的奧運生涯劃上一個圓滿的句號。

原理分析

人們將那種平時表現良好，但由於缺乏應有的心理素質而導致競技場上失敗的現象稱為「詹森效應」（Jansen effect）。

「詹森效應」是人們的一種淺層的心理疾病，**對於成敗過於重視，無法承擔他人的期待，加上自我認知的能力與本身已有的能力沒有在一致的水平上，亦即自信心不足，也就是將現有的困境無限放大的心理異常現象。**

首先，你要認清「賽場」的目的，克服恐懼感，賽場並不可怕，只是比平常正規一些而已。

其次，要平心靜氣地走出狹隘的患得患失的陰影，不貪求成功，只求正常地發揮自己的水準。賽場是高等級水準的較量，同時也往往是心理素質的較量，只要建立自信心，一分耕耘必定有一分收穫，最終定會交出一張滿意的成績單。

How to use?

🔍 如何克服學習中的詹森效應

許多考生經常出現類似的心理效應，平時學習基礎紮實，考前準備充分，然而一到大考卻失常，往往表現緊張、慌亂，甚至記憶消失，腦海裡一片空白。其中主要原因是學生對考試期望值過高，而又缺乏自信。

只想成功，又怕失敗，患得患失，壓力過大。結果造成大腦皮層興奮與抑制過程失衡，植物神經功能紊亂，各種症狀隨之而生。

首先要增強信心。只有充分相信自己的實力，才能在考場上沉著冷靜，使自己進入「角色」，發揮出正常水準；其次是淡化考試結果，注重具體過程。不多去考慮考試的結果，減少考試過程中的干擾因素。

而是把主要精力集中於具體的解題上，如此不僅能提高答題的準確率，而且能使心理保持平靜與放鬆。

要注意多用肯定的詞語來喚起積極情緒，特別是遇到困難時，要用「冷靜」、「細心」、「沉住氣」等詞語暗示自己，進行深呼吸，而少用否定性詞語，例如「別緊張」、「別慌」、「千萬別出錯」等負面用詞。

🔍 摒棄心中的非理性觀念

許多帶有焦慮、緊張的人經常對自己或對別人說：「我必須不惜一切代價保證成功」、「如果我失敗了，我就沒有價值，別人就會看不起我，我會很沒面子」、「如果做得不好，我的前程就算是毀了」這些話縱然能增強我們前進的決心，但也容易引起焦慮，不利於正常水準的發揮。

想避免「詹森效應」，在平時就應當注意矯正這些不正確的想法，養成以平常心對待生活中的「競賽」的良好習慣，減少緊張情緒，更好地發揮出自己的水準。

注重過程，淡化結果

「詹森效應」告訴我們，競技場上考驗的不僅是選手的實力，更是選手的心理素質。有些人之所以無法在正式比賽中發揮自己真實的水準，與他們對比賽結果過分重視有關。

例如，他們總想著不能輸，輸了就會怎麼樣，這樣無形中就給自己增加了壓力，甚至讓自己累得喘不過氣來。這樣自然難以發揮自己全部的實力。

如果懂得淡化結果，注重具體過程，不去多考慮結果如何，減少影響自己發揮出正常水平的不利因素，而是把主要精力集中於具體的解決問題或比賽過程中，就能較好地進入比賽狀態，這樣就能使自己的心理保持平靜與放鬆，較好地發揮自己的正常水準。

困難面前，堅信自己能行

想要克服「詹森效應」的不良結局，首先，要相信自己，增強自信心。只有充分相信自己的實力，才能在比賽場上或考場上沉著冷靜，使自己發揮出正常水準，甚至是最佳水準。

再者，當緊張情緒出現時，要及時透過自我暗示喚起自己的自信，特別是遇到困難時，更要不斷地提醒自己冷靜，激勵自己。有些人在遇到瓶頸時，也會提醒自己，不過他們喜歡用「別害怕」、「別出錯」等詞，這樣不但無法緩解緊張的心理，反而強化緊張的情緒。

避免給他人製造壓力

在日常生活中，有些人名列前茅，實力雄厚，但在比賽時卻失誤不斷，表現糟糕，最主要的原因是得失心過重和自信心不足造成的，為什麼

會得失心過重呢？這在很大程度上與他人的期望有關。

　　正因為他人對他如眾星捧月一般，對他充滿期待，這在無形中給他造成了一種心理定勢──只能成功不能失敗，不然的話會讓看好我的人失望的！

　　於是他越出色，別人對他的期望就越高，他的心理壓力就越大，這樣總有一天會崩潰，而任何事都該遵循一個分寸。

心機備忘錄

memo

　　當你與人來往時，可以多觀察對方的臉的上半部。因為研究指出，我們的臉的下半部通常會表現出較為虛情假意的「社交情緒」，而上半張臉才是內心真情的流露，因此，你可以將重點放在眼睛與周遭的部分。

31 強者越強，弱者越弱

人生像是一台十段變速的腳踏車，大多數人都有沒用到的排檔。」

——《史努比》作者 查爾斯·舒茲（Charles Schulz）

———個品學兼優的好學生，學校主任稱讚他，導師更是經常表揚他，連回到家中也倍受寵愛，如此優越的成長環境，帶給他的也不完全都是歡樂。

同學朋友們給他的是這樣的「待遇」，傳言滿天飛：「老師就偏心他一個，什麼好處都是他的」、「老師就誇他能力強，經常出風頭，能力能不強嗎？他有缺點，但老師還要護著他」、「什麼好學生、優秀幹部都是他，老師就是戴著有色眼鏡看人」等等。

這一類的事情在學校並不少見，如果不注意這種「馬太效應」，那必然造成只重視和培養少數菁英學生的教育問題，忽視和放棄了大多數的學生，更形成了少數與多數的隔閡、分化與對立。

心理實驗

一九六八年，美國的科學史研究者羅伯特·莫頓（Robert K. Merton）提出這個術語用以概括一種社會心理現象：「相對於那些不知名的研究者，聲名顯赫的科學家通常得到更多的聲望，即使他們的成就是

相似的。同樣地，在同一個專案上，聲譽通常給予那些已經出名的研究者，例如，一個獎項幾乎總是授予最資深的研究者，即使所有工作都是一個研究生完成的。」

羅伯特·莫頓歸納「馬太效應」為──任何個體、群體或地區，一旦在某一個方面，例如金錢、名譽、地位等獲得成功和進步，就會產生一種累積優勢，就會有更多的機會取得更大的成功和進步。

「馬太效應」是指好的越好，壞的越壞，多的越多，少的越少的一種現象。其在經濟、教育、股市等領域都發揮很重要的作用，也是研究宏觀經濟需要考慮的現象，社會心理學上也經常借用這一名詞，後為經濟學界所用，同時也反映出「貧者越貧，富者越富，贏家通吃」的經濟學中收入分配不公的現象。

原理分析

「馬太效應」（Matthew Effect）一詞是美國科學家羅伯特·默頓提出的。他以此來概括這樣一種社會現象──**對已有相當聲譽的科學家做出的貢獻所給予的榮譽越來越多，而對那些還未出名的科學家則不肯承認他們的成績。**

此效應是指「好的越好，壞的越壞，多的越多，少的越少」的一種現象，馬太效應的名字來自於聖經《新約·馬太福音》中的一則寓言。

在《聖經·新約》的「馬太福音」第二十五章中這麼說道：「凡有的，還要加給他叫他多餘；沒有的，連他所有的也要奪過來。」

寓言如下：

天國又好比一個人要往外國去，就叫了僕人來，把他的家業交給他們。按著各人的才幹，給他們銀子。一個給了五千，一個給了二千，一

個給了一千。就往外國去了。 那領五千的，隨即拿去做買賣，另外賺了五千。那領二千的，也照樣另賺了二千。但那領一千的，去掘開地，把主人的銀子埋藏了。

過了許久，那些僕人的主人來了，和他們算帳。那領五千銀子的，又帶著那另外的五千來，說：「主阿，你交給我五千銀子，請看，我又賺了五千。」

主人說：「好，你這又良善又忠心的僕人。你在不多的事上有忠心，我把許多事派你管理。可以進來享受你主人的快樂。」那領二千的也來說：「主阿，你交給我二千銀子，請看，我又賺了二千。」

主人說：「好，你這又良善又忠心的僕人。你在不多的事上有忠心，我把許多事派你管理。可以進來享受你主人的快樂。」

那領一千的，也來說：「主阿，我知道你是忍心的人，沒有種的地方要收割，沒有散的地方要聚斂。我就害怕，去把你的一千銀子埋藏在地裡。請看，你的原銀在這裡。」

主人回答說：「你這又惡又懶的僕人，你既知道我沒有種的地方要收割，沒有散的地方要聚斂。就當把我的銀子放給兌換銀錢的人，到我來的時候，可以連本帶利收回。奪過他這一千來，給那有一萬的。」

「馬太效應」揭示了一個不斷增長個人和企業資源的需求原理，也關係到個人的成功和生活幸福，因此它是影響企業發展和個人成功的一個重要法則。

既消極又積極的心理效應

社會心理學家認為，「馬太效應」是個既有消極作用又有積極作用的社會心理現象。

其消極作用是：名人與未出名者做出同樣的成績，前者往往能得到上級表揚、記者採訪、求教者和訪問者接踵而至，各種桂冠也一頂接一頂地領來，結果往往使其中一些人因沒有清醒的自我認識和沒有理智態度而居功自傲，在人生的道路上跌跟頭；而後者則無人問津，甚至還會遭受非難和嫉妒。

而其積極作用是：其一，可以防止社會過早地承認那些還不成熟的成果或過早地接受貌似正確的成果；其二，「馬太效應」所產生的「榮譽追加」和「榮譽終身」等現象，對無名者有巨大的吸引力，促使無名者去奮鬥，而這種奮鬥又是一種必須有明顯超越名人過去的成果才能獲得的榮譽。

防止少數學生成為精神貧民

「馬太效應」是有其心理危害的，它會在教育中形成自傲和自卑的對立。對好學生過分偏愛的教師，其所帶的班往往會發生這樣的問題：一部分人自負自傲，孤芳自賞，而另一部分人缺乏自尊，或自尊心受損，自暴自棄，上進心減弱。

教育中的「馬太效應」使得少數學生成為精神「貧民」，多數學生成了受冷落的「被棄者」，我們應該防止這一教育的負作用，用反馬太效應的方法為每個學生的健康成長創造一個良好的心理環境。

🔍 科學領域中的「馬太效應」影響

相對於那些不知名的研究者，聲名顯赫的科學家通常得到更多的聲望，即使他們的成就是相似的；同樣地，在同一個專案上，聲譽通常給予那些已經出名的研究者，例如，一個獎項幾乎總是授予最資深的研究者，即使所有工作都是一個研究生完成的。

科學領域中的「馬太效應」其特色如下：

（1）過去的成績累計起來，形成一種優勢，並影響以後的評價。

（2）人們傾向於引證那些對所研究的問題或領域具有影響的工作，但同時也傾向於引證那些經常可見的科學家的工作。因此，容易引證的人被更多人引證，不容易引證得更不容易引證。

（3）一個人的傑出成績得到承認後，人們可能會追溯並重新評價其早期工作。

（4）承認和獎勵的分配有利於那些名牌機構的科學家，而那些在聲望較低、處於邊緣地區的機構裡的科學家則很難得到適當的承認。

（5）新的科學家需要逐步進入權威和名流集團之中，然後被承認。

（6）科學界分層結構中流動是單向的，科學家只有升遷不可降格。

「馬太效應」在很多情況下對科學發展具有不利的影響，使得很多具有才華的科學家被壓制、埋沒。

當科學家體會到社會環境對他們的壓抑，他們或者忍受痛苦繼續堅持不懈地努力，這種行為為社會所鼓勵和讚揚；或者會失去對這些目標的興趣，不再從事科學事業；或者失去透過合法途徑達到成功目標的興趣，轉而產生用越軌的方法去獲取成功的動機。

社會學中的「馬太效應」：貧窮世襲

馬太是誰？他是一位猶太人，也是一位人人厭惡的稅吏。猶太人可以說是一個「商人的民族」，猶太人讓人以為他們是一個唯利是圖的民族，其實不然，猶太民族團結互助的觀念是相當強的，富人會幫助窮人，並認為是「富人的責任」，而獲得幫助是「窮人的權利」。有些猶太社團，設有「吃飯日」，讓窮苦的猶太學生到不同的猶太家庭中用餐，使得學生能夠安心求學。

甚至許多猶太教會堂辦理互助會，利用保險利益替會堂及教友創造基金，讓優秀的孩子可以獲得獎學金而安心求學，猶太人的互助行為充分展現了此一民族的高度智慧。

有人問猶太人為什麼要這樣幫助自己民族的人？猶太人會回答：「我們自己不幫助自己，難道還有誰會幫助我們嗎？」

社會學中的「馬太效應」關注的是，在財務資本以及社會資本可以透過累積的情況下，這些資源可能由父母轉移至孩童身上，如此的優勢累積，使孩童擁有較高的發展機會、文化、人力資本，亦即同一世代的成就受到上一世代的影響，而產生根本性的不平等。

這也同時代表，拼經濟求脫貧不是靠口號，充實腦袋中的東西才能獲得機會，獲得越多的機會才能提高成功的機率。自助，人助之，知識經濟時代下需注意，貧窮是會遺傳的。

32 沒有選擇餘地的選擇

「雖然我們都嘲笑追逐影子的人，但生活中的絕多數人都在追逐影子。」

——英國浪漫主義詩人 華茲華斯（William Wordsworth）

舉例來說，當一個企業家在挑選部門經理時，往往只會侷限於在自己的圈子下挑選人才。選來選去，再怎麼公平、公正和自由，也只是在小範圍內進行挑選，因此很容易出現「矮子裡選將軍」的慘淡情況，跳入了常見的窠臼裡。

然而，要選「馬」，就要當個好「伯樂」，就得跳出馬圈的圈子，到大草原去選「馬」、到全世界去選「馬」，打開思維空間，擴大資源的配置半徑，充分利用國內國際兩個市場、兩種資源。

當配置資源的半徑越大，企業就越處於優勢，反之，配置資源的半徑越小，企業就往往會處於劣勢。只有放寬眼界，打開思維，放眼世界，才能選到世界級的「千里馬」。

心理實驗

一六三一年，英國劍橋的商人霍布森販賣馬匹時，對前來買馬的人承諾：「無論是買我的馬還是租我的馬，價格都便宜，而且可以隨意選馬。」

　　但他同時附加了一個條件：「只允許挑選能牽出圈門的那匹馬。」霍布森的馬圈很大，馬匹很多，然而馬圈卻只有一個小門，高頭大馬是出不去的，能出去的都是些瘦小的劣馬，這就是後來人們所說的「霍布森選擇效應」。

　　顯然地，加上這個條件實際上就等於不讓挑選。對這種無選擇餘地的「選擇」，後人譏諷為「霍布森選擇效應」（Hobson choice Effect）。

　　「霍布森選擇」是一個小選擇、是一個假選擇、大同小異的選擇就是假選擇。人們自以為做了選擇，然而實際上思維和選擇的空間是很狹窄的。

　　有了這種思維的自我僵化，當然不會有創新，所以它是一種陷阱。

　　管理學上有一則重要的格言：「當看上去只有一條路可走時，這條路往往是錯誤的。」毫無疑問，只有一種備選方案就無所謂擇優，沒有了擇優，決策也就失去了意義。

原理分析

　　從社會心理學關於自我選擇的角度來說，「霍布森選擇」顯然是社會角色扮演者的一大忌諱。誰如果陷入「霍布森選擇」的困境，誰就不可能進行創造性的學習、生活和工作。

　　這個道理很簡單：「好與壞」、「優與劣」，都是在對比中發現的，只有擬定出一定數量和品質的可能方案供對比選擇，判斷、決策才能做到合理。

　　一個人在進行判斷、決策的時候，他必須在多種可供選擇的方案中決定取捨。如果一種判斷只需要說「是」或「不」的話，這能算是判斷

嗎？只有在許多可保選擇的方案中進行研究，並能夠在對其瞭解的某礎上判斷，才算得上判斷。

在我們還沒有考慮各種可供選擇的方法之前，我們的思想是閉塞的。倘若只有一個方案，就無法對比，也就難以辨認其優劣。因此，沒有選擇餘地的選擇，就等於無法判斷，等於扼殺創造。

鑒此，有成效的社會角色扮演者，其腦中總是有多種「備擇方案」，總是高度重視「多方案選擇」，因為他們始終認為要有許多種可供採用的衡量方法，如此才可以從中選擇一種適當的方法。

在這裡，**生活的辯證法正如一句格言所說的：「如果你感到似乎只剩一條路可走，那很可能這條路就是走不通的。」**

「霍布森選擇效應」的兩個啟示

霍布森選擇效應對我們的啟示在於 —— 對於個人來說，如果陷入「霍布森選擇效應」的困境，就不可能發揮自己的創造性。

例如只有在許多可供對比選擇的反感中進行研究，並能夠在對其瞭解的基礎上進行判斷，才算得上判斷。因此，沒有選擇餘地的「選擇」，就等於無法判斷，就等於扼殺創造。

因此，一個人選擇了什麼樣的環境，就選擇了什麼樣的生活，想要改變就必須有更大的選擇空間。

「霍布森選擇效應」對我們的另一個啟示是：如果我們，特別是管理者運用這個別無選擇的標準來約束和衡量別人，必將扼殺多樣化的思維，進而扼殺了他人的創造力。

如何避免陷入沒有選擇的困境？

要避免陷入「霍布森選擇效應」的困境，就得克服思維方式上的封閉性和趨同性結構，去充分地認識客觀世界，系統環境的開放性，開拓視野的多維性。客觀世界是不會讓人只走十條路的。

世界是統一的，但它決不是那種單調的、僅有一種的具體統一形式。

事物運動和發展中的各種可能性集合構成了「可能性空間」。這是一個由若干可能狀態和可能轉換關係組成的整體，有著自己的形態，結構和變化。這意味著在無限多個可能的世界中選擇了一個，所以現實性並非只是「必然如此」，它是某種選擇的結果。

只有這樣，人們才可能為社會、為自身帶來更富遠見的福祉。人們的學習、工作的目標，通常是一個集合，而不是一個點，而達到目標的方式或途徑更可以有多種。也就是說，事物在發展中始終面臨著多種選擇、多種方向。

因此，封閉性的、趨同性的思維方式，理所當然地要被開放性的，擴散性的思維方式所代替。

在開放性的社會系統中，你完全可以去開拓多維性的視野，去進行多樣化的選擇，你有什麼必要硬把自己困在一條小路上呢？你有什麼必要在選擇時用上「霍布森選擇效應」，使自我選擇沒有選擇的餘地呢？

破除沒有選擇的困境

若要破除此種選擇效應的困境，你的腦中就應當有「來自自我」和「來自他人」的不同意見。

就「來自自我」這個角度而言，就是要充分思索的意思。選擇，就

是充分思考，讓各方面的問題暴露出來，進而把思想過程中那些不必要的部分丟棄，這好比對雕刻進行修鑿。

在這個過程中，如果理智在開始時就過分仔細地檢驗剛剛產生的念頭，顯然是徒勞無益的，它肯定會阻礙心靈的創造工作。

簡單來看，讓一個念頭任意地走向極端可能毫無意義，但是跟隨這個念頭卻可能取得重要結果，它很可能在和其它貌似荒謬的念頭的搭配之下，提供出十分嶄新的線索。

因此，在構想選擇方案的時候，理智應該讓大門撤銷「警衛」，讓思路暢通無阻。

此外，選擇的多方案之構成，還需要來自他人的充分的不同意見。一項選擇的優劣，一種判斷、決策的正誤，不決定於意見的一致。只有以對立的觀點、不同的談論和不同判斷的選擇為基礎，才會是好的選擇、判斷和決策。

心機備忘錄

　　當我們與對方交流時，很容易會受到彼此肢體動作的影響。如果你很緊張，對方也會不自覺地抱緊雙臂，讓你摸不透他的心思，此時，你就可以深呼吸一口氣，接著露出微笑，表現出接納的態度。

33 突破思維定勢的消極影響

> 「若是一個人的思想不能比飛鳥上升得更高，那就是一種卑微不足道的思想。」
>
> ——英國戲劇家 威廉·莎士比亞（William Shakespeare）

某企業專門生產毛筆，眼看毛筆市場日益萎縮，產品庫存累積，公司上上下下都很著急。究竟要如何才能打開市場，擴大銷售呢？內部員工就此進行了開會討論。

然而，討論了幾個月，依然找不到圓滿的答案。是不是真的山窮水盡了呢？就在大家要放棄時，有名員工仍然沒有停止思考。

終於有一天他突發奇想說：「我們能不能讓不用毛筆的人也買毛筆？」

這位員工的idea，使得公司老闆開了竅。

於是，內部重新思考經營戰略，將傳統意義上的毛筆轉型為紀念筆——以嬰兒胎髮為素材製作的「胎毛筆」，以新婚夫婦的頭髮為素材製作的「結髮筆」，以老年人的頭髮為素材製作的「長壽筆」，此外還開發「合家歡筆」、「生日筆」、「友情筆」等等。此一開發策略引起了人們的極大興趣，頓時市場洞開，財源滾滾而來。

 心理實驗

美國的科普作家阿西莫夫（Isaac Asimov）曾經說過一個關於自己的

故事。

阿西莫夫從小就聰明，年輕時多次參加「智商測驗」，得分總在一六〇左右，屬於「天賦極高者」之列，他一直為此而洋洋得意。

有一次，他遇到一位汽車修理工，是他的老熟人。修理工對阿西莫夫說：「嗨，博士！我來考考你的智力，出一道題目，看你能不能回答正確。」

阿西莫夫點頭同意。修理工便開始說這道題目：「有一位既聾又啞的人想買幾根釘子，便來到五金行，對售貨員做了這樣一個手勢：左手兩個指頭立在櫃台上，右手所致拳頭做出敲擊狀的樣子。售貨員見狀，先給他拿來一把鎚子；聾啞人搖搖頭，指了指立著的那兩根指頭。於是售貨員就明白了，聾啞人想買的是釘子。聾啞人買好釘子，剛走出商店，接著進來一位盲人。這位盲人想買一把剪刀，請問：盲人將會怎樣做？」

阿西莫夫順口答道：「盲人肯定會這樣。」說著，伸出食指和中指，做出剪刀的形狀。

汽車修理工一聽笑了：「哈哈，你答錯了！盲人想買剪刀，只需要開口說『我買剪刀』就行了，他為什麼要做手勢呀？」

智商一六〇的阿西莫夫，這時不得不承認自己確實是個「笨蛋」。而那位汽車修理工人卻得理不饒人，用教訓的口吻說：「在考你之前，我就料定你會答錯，因為，你受的教育太高了，『不可能很聰明』。」

實際上，修理工所說的受教育多與不可能聰明之間關係，並不是因為學的知識多了人反而變笨了，而是因為人的知識和經驗多，便會在頭腦中形成較多的思維定勢。這種思維定勢會束縛人的思維，使思維按照固有的路徑展開。

人們在工作和生活中會形成一些固定性、模式性、習慣性思維方

式，我們稱之為「思維定勢」。「思維定勢」有利於常規思考，但對創新卻會產生阻礙作用。所以，要實現創新，就得試著打破思維定勢。

這誠如美國著名企業家福特所說：「人總要受沿襲已久的陳規舊習的支配，這在生活中是允許的，但在工業企業中是必須排除的惡習。」

原理分析

所謂「思維定勢效應」是指，人們因為侷限於既有的訊息或認識的現象。人們在一定的環境中工作和生活，久而久之就會形成一種固定的思維模式，使人們習慣於從固定的角度來觀察、思考事物，以固定的方式來接受事物。

「思維定勢」可以使我們在從事某些活動時能夠相當熟練，甚至達到自動化，可以節省很多時間和精力；但是，思維定勢的存在也會束縛我們的思維，使我們只用常規方法去解決問題，而不求用其它的「捷徑」去突破，因而也會給解決問題帶來一些消極影響。

思維的心理定勢是心理學中的一個重要概念。它指的是人們在觀察、分析、解決問題的過程中思維的某種傾向性，或者說是人們長期形成的某種習慣思維動向。

而「思維定勢」具有雙向效性，凡是對知識的獲得和問題的解決發揮促進作用的，我們稱之為思維定勢的「正效應」；反之即為思維定勢的「負效應」。

現代認知心理學認為：「思維定勢」的實質是人們過去在學習過程中形成的一定思維模式，在慣性力的作用下與當前新知識、新問題相互作用、相互融合，從而對新知識的掌握和新問題的解決發生影響的過程。

它受多種因素影響，例如學習者已形成的思維定勢和他面臨的新知

識在內容及其組織特徵上所構成的關係，以及學習者當時的心理動向、教師的指導等等。

當學習者原有認知結構及其形成的思維模式與新知識從內容和組織上具有類屬關係，即有同質性時，「思維定勢」就會發生「正效應」；反之，思維定勢就會發生「負效應」。

能夠把人限制住的，只有人自己。人的思維空間是無限的，也許我們正被困在一個看似走投無路的境地，也許我們正圍於一種兩難選擇之間，此時一定要明白，這種境遇只是因為我們固執的定勢思維所致，只要勇於重新考慮，一定能夠找到不只一條走出困境的出路。

How to use ?

🔍 獨立思考：敢疑

不要迷信權威，而要用自己的腦子去思考問題，進而內化成自己的真知。

當然，「疑」絕不是懷疑一切、否定一切，而是從不同方位輻射、透視問題的全部，不滿足已有的經驗和認識，去尋找一種更新的辦法，提出一個更新的見解，從而取得創造性的成就。

勇於獨立思考，敢於堅持己見。必要的時候，即使是獨木橋，也要堅定地走下去；即使是萬丈淵，也要堅定地跳過去。

🔍 有效訓練：活學

要善於使已有知識進入「流通領域」，能聚合、能分解、能跳躍、能嵌入，隨意聽從大腦的「調令」。

這樣在分析和解決問題時，才不受具體情境的約束，保證思維有較高的流暢的創造性。

如何進行有效訓練？就是抓住「擴點」，進行補充、延伸，進行創造性思維訓練；抓住「異點」進行發散思維訓練；抓住「疑點」進行求異思維訓練。

透過不斷訓練，強化了學生以舊知識的理解，增加了舊的認識結構的可利用性和條理性，促進思維定勢出現「舉一反三」、「觸類旁通」的「正效應」，避免了「負效應」。

代入新舊：比較

此方法是就兩種或兩種以上同類事物或同一事物的不同方面來鑒別異同或高低的思維方法，它是理解和思維的基礎。

運用這種方法時要注意新舊知識的連結，留下充分思考的餘地，從固有的思維定勢中解答出來，透過縱向、橫向比較，把思維帶入更廣闊的佳境，在對比中能提高思維能力。

尋找疑問：深辯

辯論是透過對已有結論的討論、辨析，從而加深對知識理解的一種方法。因此，首先要具有質疑的意識，不迴避疑難，主動尋找疑問，不為經典結論所框死，擺脫成見和規範化的束縛，勇於提出自己不同的見解。

其次要有靈活多變的思維技巧，對產生傳統結論的背景條件進行多種排疑篩選，善於抓住問題的關鍵；適時改變思維的方向和角度，尋覓解決問題的最佳途徑。

透過辯論，真理越辯越明，謬誤終被駁倒，新的觀點不斷出現，同時也培養了良好的開放性思維品質和具體問題具體分析的辯證思維方法。

34 千里之堤，必然潰於蟻穴

「不明智、不健康、不正直地生活是不可能活得愉快的；同樣地，活得不愉快也就不可能活得明智、健康和正直。」

——古希臘哲學家　伊壁鳩魯（Epicurus）

在日本，有一種叫做「紅牌作戰」的輔助管理活動，目標是提高企業現場環境、效率和產品的質量。

我們可以引用管理顧問邁金塔的話來形容它的產生背景——「任意決定物品的存放並不會讓你的工作速度加快，只能使你的尋找時間加倍；你必須分析考慮怎樣才能拿取物品更快捷，並讓大家都能理解這套方案，遵照執行。」

日本企業的「紅牌作戰」透過詳細的5S方法：「Seiri」（せいり，整理）、「Seiton」（せいとん，整頓）、「Seiso」（せいそう，清掃）、Seiketsu（せいけつ，清潔）和「Shitsuke」（しつけ，素養），將不乾淨的設備、辦公室和車子裡貼上具有警示意義的「紅牌」，也將不合理的工作程式或方式增加「紅牌」以促其迅速改觀，進而使工作場所變得整齊清潔，工作環境變得舒服，企業成員都養成做事耐心細緻的好習慣。

久而久之，每個人都遵守規則，認真工作。實驗證明，這個方法對於保障企業的有效運營發揮了非常重要的作用。

美國史丹佛大學的心理學家菲利普·辛巴杜（Philip Zimbardo）於一九六九年進行了一項實驗：

他找來兩輛一模一樣的汽車，並將其中的一輛停在加州帕洛阿爾托的中產階級社區，而另一輛則停在相對雜亂的紐約布朗克斯區。

停在布朗克斯區的那輛，他把車牌摘掉，把天棚打開，結果當天就被偷走了。而放在帕洛阿爾托區的那一輛，一個星期也沒人理睬。

後來，辛巴杜用錘子把那輛車的玻璃敲了個大洞。結果呢，僅僅過了幾個小時，它就不見了。

以這項實驗為基礎，政治學家威爾遜和犯罪學家凱琳（George L. Kelling）提出了一個「破窗效應理論」（Broken windows theory）。認為如果有人打壞了一幢建築物的窗戶玻璃，而這扇窗戶又得不到及時的維修，別人就可能受到某些示範性的縱容去打爛更多的窗戶。

久而久之，這些破窗戶就給人造成一種無序的感覺，結果在這種公眾麻木不仁的氛圍中，犯罪就會滋生，環境中的不良現象如果被放任存在，就會誘使人們仿傚，甚至變本加厲。

原 理 分 析

以一幢有少許破窗的建築為例，如果那些窗戶不被修理好，可能就會有破壞者破壞更多的窗戶。最終他們甚至會闖入建築內，如果發現無人居住，也許就在那裡定居或者縱火。

又或者你想像一條人行道上有些許紙屑，如果無人清理，不久之後就會有更多垃圾，最終人們會視為理所當然地將垃圾順手丟在地上。

因此「破窗理論」強調著力打擊輕微罪行有助於減少嚴重罪案，應

該以「零容忍」的態度來面對罪案。

此理論也描述了社區失序的五個階段：

（1）社區開始出現失序的情形，部分居民遷出社區。

（2）未能遷離社區的居民因擔心自身安全，對區內的事務漠不關心。

（3）地區的監察力下降，社區的治安進一步惡化。

（4）區內更多的居民遷走，仍然留在區內的居民則更加退縮，減少外出時間。

（5）外來的犯罪份子入侵社區，使犯罪數字持續上升。

因此社會心理專家們便認為執法者應盡早識別及緊密留意和控制高危險群，另外須保護守法的青少年，同時要促進居民參與維持公眾治安及協調社區內不同的團體處理治安問題。

在管理上，應用「破窗效應」不僅僅是古人所說的「千里之堤毀於蟻穴」，那只是吸取教訓，非常膚淺，而管理強調的是成本效益、行為經濟。

大型的企業猶如千里之堤，人、事錯綜複雜，維護好千里之堤是有很巨大的成本。在實踐中，當管理者面對各種不良現象時，層出不窮，這個時候談防微杜漸是沒有意義的。

要如何扭轉形勢，解決「破窗效應」所產生的問題，保持持續改進和優化，才是管理者最重要的主題。

基本上，**「破窗效應」帶給我們的思路就是從小事抓起，只有全部小事都不出亂子，才能做大事。**

How to use ?

 ### 「破窗效應」的管理運用

「制度化」在企業管理中已經是老生常談了。但是，現實的情況往往是制度多，有效的執行少。長此以往，企業的發展便會停滯。

對公司員工中發生的「小姦小惡」行為，管理者要引起充分的重視，適當的時候要小題大作，如此才能防止有人效仿，積重難返。

在管理實踐中，管理者必須高度警覺那些看起來是個別的、輕微的，但觸犯了公司核心價值的「小過錯」，並堅持嚴格依法管理。正因「千里之堤，潰於蟻穴」，若不及時修好第一扇被打碎玻璃的窗戶，就可能會帶來無法彌補的損失。

對不良現象提高警覺

從「破窗效應」中，我們可以得到這樣一個道理──任何一種不良現象的存在，都在傳遞著一種訊息，這種訊息會導致不良現象的無限擴展，同時必須高度警覺那些看起來是偶然的、個別的、輕微的「過錯」，如果對這種行為不聞不問、熟視無睹、反應遲鈍或糾正不力，就會縱容更多的人「去打爛更多的窗戶」，就極有可能演變成難以回復的惡果。

沒有及時修補，就可能造成損失

在應用實踐中，最直觀的「小事」就是環境衛生，要把一個地方弄乾淨一天、兩天並不難，但是要一個地方持續一年三百六十五天都很乾淨，那就只有頂尖的企業才能做到。

這些事情並不難，缺的只是下定決心、持之以恆、配套機制、形成文化、定期更新。

心理學家研究的就是這個「引爆點」——地上究竟要有多髒，人們才會覺得反正這麼髒，再髒一點無所謂？情況究竟要壞到什麼程度，人們才會自暴自棄，讓它爛到底？

記得當台北市在未推行垃圾不落地時，街口轉角若有一包垃圾在地上，那麼不出兩個小時，那個地方就堆成垃圾山了。

任何壞事，如果在開始時沒有阻攔，形成風氣之後，改也改不掉，就好像河堤，一個小缺口沒有及時修補，可以崩壞，造成千百萬倍的損失。

心機備忘錄

搭訕的時候，最好具備良好的觀察力。你可以觀察對方身上穿戴的服飾、手上提的包包、或者正在看的書、甚至是接手機時說的話，這些都可以用來當成和對方搭訕的起始句。

35 為何上班族的工作永遠做不完？

> 「習慣是一劑最無情的毒藥，因為它慢慢地，不聲不響地潛入到我們的機體，並在不知不覺中滋長起來。當我們發現它時，機體的每個細胞都已與它相適應，每一個動作都受它的制約，已經沒有任何藥物能夠治癒。」

——義大利作家 奧里亞娜·法拉奇（Oriana Fallaci）

從1914年到1928年，英國海軍的官員人數從2000人增加到3569人，以每年56％的速度遞增。

而在此期間，由於《華盛頓海軍協定》的限制，美國海軍規模在減小，1928年的海軍士兵人數是1914年的三分之二，軍艦數是1914年的三分之一。從1935年到1954年，這種狀況還在發展。

此一期間，英國海軍部的人員從8118人上升到33788人，而此段時間英國海軍的地位在不斷下降。

殖民部從372人增加到1661人，而這正是大英帝國殖民地迅速減少的夕陽殘照時期。

據此數據，英國政治學家帕金森認為。無論政府工作量是增是減，甚至是消失，雇員數量都受到帕金森定律的支配而增長。此種現象也深刻地揭示了行政權力擴張引發人浮於事、效率低下的「官場傳染病」。

心理實驗

一九五八年，英國的政治學家西里爾·帕金森（Cyril Northcote Parkinson）經過多年的調查研究，發現一個人做一件事所耗費的時間差別可以如此之大：

他可以在十分鐘內看完一份報紙，也可以看半天；而一個大忙人可以二十分鐘寄出一疊明信片；但一個無所事事的老太太為了給遠方的外甥女寄張明信片，可以足足花一整天：找明信片一個鐘頭，找眼鏡一個鐘頭，查地址半個鐘頭，寫問候的話一個鐘頭十五分鐘……

特別是在工作中，工作會自動地膨脹，占滿一個人所有可用的時間，如果時間充裕，他就會放慢工作節奏或是增添其它項目以便用掉所有的時間。

帕金森透過長期的調查研究，出版了《帕金森定律》（Parkinson's Law）一書。

他在書中闡述了機構人員膨脹的原因及後果：一個不稱職的官員，可能有三條出路。第一是申請退職，把位子讓給能幹的人；第二是讓一位能幹的人來協助自己工作；第三是任用兩個水平比自己更低的人當助手。

這第一條路是萬萬走不得的，因為那樣會喪失許多權力；第二條路也不能走，因為那個能幹的人會成為自己的對手；看來只有第三條路最適宜。於是，兩個平庸的助手分擔了他的工作，他自己則高高在上發號施令。兩個助手既無能，也就上行下效，再為自己找兩個無能的助手。

如此類推，就形成了一個機構效率低下的領導體系。

至上而下，一級比一級庸人多，最終產生出機構虛胖的龐大管理機構。

由此得出結論——在行政管理中，行政機構會像金字塔一樣不斷地

增多，行政人員會不斷地膨脹，而每個人都很忙，組織效率卻越來越低下。這條定律被稱為「帕金森定律」（Parkinson's Law），亦稱為「官場病」或「組織麻痺病」，或者是「金字塔上升」現象。

原理分析

「帕金森定律」看出了**組織中的中階主管，在面對職務無法勝任，又不願被人發現的狀況下，為了保住自己的飯碗，便虛報其職務的重要性，假稱自己工作的重要性、困難度和複雜度，要求開設新的層級或加聘員工，以協助自己解決原本就無法勝任的職務。**

最常見「帕金森定律」發酵的組織，便是國營機構、政府單位。某些國營事業，早已冗員充斥，虧損累累，卻還能夠每年招考新進員工，與其說是組織規定使然，不如說是主管們的「帕金森定律」作祟。

他們藉由將組織內部工作複雜化，不斷膨脹組織所需人力，保障自己的職位不被裁，彰顯自己在組織中的不可獲缺性。

例如，不斷膨脹的國營機構人力資源，結果政府單位冗員充斥，許多中低階業務主管每天的工作大部分時間是泡茶聊天串門子，實際執行業務少的可憐；再有，就是組織中的公文旅行之漫長而費時又無效率，也是因為「帕金森定律」在作祟。

一些企業主管為了彰顯自己的重要性，將工作複雜化，並「灌水」許多專業術語，召開許多會議，對外尋求意見，以無深度的語言撰寫無深度文章，實際上一點內容也沒有，但卻滿紙專業術語的公文報告書比比皆是。

透過膨脹工作，主管可以提升自己的重要性與威信，又讓人摸不透，好鞏固自己的位置。於是，基層員工工作越來越多，而且越來越沒意

義，永遠做不完；而主管們則希望，最好永遠保持忙碌，永遠做不完，以證明自己的重要性。

「帕金森定律」揭示了各部門用人越來越多的秘密：部門負責人寧願找兩個比自己水準低的助手也不肯找一個與自己勢均力敵的下屬。

如此必然陷入機構越多越大，扯後腿的人越多，而人員增加也越多的惡性迴圈之中。一旦進入惡性迴圈，就會形成效率低下的行政管理體系。

「帕金森定律」發生的條件

「帕金森定律」發生作用，必須同時滿足四個條件：

（1）必須要有一個組織。

這個組織必須有其內部運作的活動方式，其中管理要在這個組織中占有一定的地位。這樣的組織很多，大的來說，各種行政部門，帕金森曾在書中舉出英國海軍編制的例子；小的，只有一個老闆和一個雇員的小公司，都存在著管理的組織。

（2）尋找助手以達到自己目的的不稱職的管理者，本身不具有對權力的壟斷性。

這就是說權力對這個管理者而言，可能會因為做錯某件事情或者其它人事的原因而輕易喪失。這個條件是不可少的，否則就不能解釋何以要找兩個不如自己的人做助手而不選擇一個比自己強的人。

（3）管理者能力極其平庸，他在組織中的角色扮演不稱職。

如果稱職就不必尋找助手，否則就不能解釋他何以要找幾個助手來

協助。

（4）組織是不斷自我要求完善的組織。

正因為如此，才能不斷地吸收新人來補充管理隊伍，也才能符合帕金森關於人員增長的公式。

組織如何杜絕「帕金森定律」發作

如果一個組織其業績沒有成長，而組織成員與業務量卻不斷增加，便是「帕金森定律」在作祟。

組織要有效遏止「帕金森定律」，必須能夠做到扁平化管理，讓層級透明，並且清楚各個層級的職務與人數。

如果可能，廢除金字塔式的組織模式。也不給予中階主管任意聘用人員的職權。另外，建立私密考核制度，從組織中的非正式關係調查各級主管與人員的實際工作產能。

解決「帕金森定律」的癥結，必須把管理單位的用人權放在一個公正、公開、平等、科學、合理的用人制度上，不受人為因素的干擾，最需要注意的，是不將用人權放在一個可能直接影響或觸犯掌握用人權的人的手裡，問題才能得到解決。

權力的危機感是根源

「帕金森定律」必須在一個擁有管理職能，不斷追求完善的組織中，擔負著和自身能力不相匹配的平庸的管理角色，且不具備權力壟斷的人群中才起作用。

那麼相反地，一個沒有管理職能的組織，例如網路虛擬學術組織、小組等等，便不存在「帕金森定律」闡釋的可怕頑症。

一個不思進取，抱守陳規的組織，沒有必要引進新人，自然也沒有「帕金森定律」的困擾；一個擁有絕對權力的人，他不害怕別人攫取權力，也不會去找比他平庸的人做助手；一個能夠承擔他的管理角色的人，沒有必要找一個助手，也不存在「帕金森定律」的情況。

透過上述條件的分析，可以清晰的看到——權力的危機感，是產生帕金森現象的根源。

心機備忘錄

你正在對上司彙報工作，他的眼睛卻沒有看著你，或者他的手指經常不自覺地在桌子上敲幾下，這可能表示他已經對你的彙報沒有興趣了。如果他的腳本來正在桌子下晃動，在你彙報的時候，他的腳忽然停止了晃動，那麼就表示他對你的話產生了濃厚的興趣。

情場經營篇

The Mental Tricks
That Will
Change Your Life

在生活中常常會遇到這樣的情況：當你越想將一些訊息隱瞞住不讓別人知道時，就越會引來他人更大的興趣與關注，因為人們會對你隱瞞的事物充滿好奇和窺探的欲望，甚至會千方百計地透過別的管道來試圖得到這些訊息。

36 高開始，低結束最令人失望

「擁有大量想法的人不一定聰明，正如擁有大量士兵的將軍不一定英明。」

——美國作家 托夫勒（Alvin Toffler）

阿輝大學畢業後到一家公司工作，剛進公司，他決心好好地積極表現一番，以給上司和同事們留下非常好的第一印象。

於是，他每天提早到公司工作，假日也經常主動加班，上司分配的專案有些他明明有很大的困難，卻也硬著頭皮一概承攬下來。

原本，剛開始工作的年輕人積極表現一下自我是無可厚非的，但問題是阿輝此時的表現與他真正的想法、為人處世的一貫態度和行為模式相差甚遠，夾雜著「表演過度」的成分，因此難有長久的堅持性。

沒過多久，阿輝果然開始遲到了，工作也開始做不完了，進而還對上司分配的任務意見相當多。

結果，上司和同事們對他的印象由好轉壞，甚至比那些剛開始來的時候表現就不佳的新人所抱持的印象還不好。

因為大家對他已有了一個「高期待」、「高標準」，同時，大家認為他剛開始的積極表現是「假裝」的，而「誠實」卻是我們評定一個人的「核心價值」。

心理實驗

國外有一位老人，退休後想圖個清淨，於是就在湖區買了一間房子，住下的前幾周倒還生活平靜。

可是不久之後，有幾個年輕人開始在附近開趴玩鬧、踢垃圾桶並且大喊大叫。老人受不了這些噪音，便對這些年輕人說：「你們玩得真開心。我喜歡熱鬧，如果你們每天都來這裡玩耍，我給你們每人十元。」年輕人聽了當然高興，玩樂還能拿錢，何樂而不為？於是他們更加賣力地吵鬧起來。

過了兩天，老人愁眉苦臉地說：「我到現在還沒收到養老金，所以，從明天起，每天只能給你們五元了。」年輕人雖然顯得不太開心，但還是收下了老人的錢，每天下午繼續來這裡玩鬧。

又過了幾天，老人非常愧疚地對他們說：「真對不起，通貨膨脹使我不得不重新計畫我的開支，所以每天只能給你們一塊錢了。」、「一塊錢？」一個年輕人臉色發青地說：「我們才不會為區區一塊錢在這裡浪費時間呢，不幹了！」自此，老人又回到了安靜悠閒的日子。

這個故事中，老人的智慧其實運用了心理學上的「阿倫森效應」

阿倫森是一位著名的心理學家，他認為，人們大都喜歡那些對自己表示讚賞的態度或行為不斷增加的人或事，而反感上述態度或行為不斷減少的人或事。

老人取勝的原因在於：如果對年輕人採用強制的辦法，只會強化他們的負面做法，引起他們的行為對抗，事與願違。老人的安排，意在排除年輕人逆反的根源，避免心理誘導過程中出現新的干擾。

人們對事物、對人的期待都是不斷提高的，而高開始，低結束最令人失望，只有不斷地進步和與時俱進才合情理。也就是在「正面難攻」的

情況下，採用「獎勵遞減法」可發揮有效的作用。

心理學裡有一個很有名的說法叫做「阿倫森效應」，強調和自始至終一直都對我們持肯定態度的人，或者對我們先褒後貶的人相比，一般人通常更會喜歡那些對我們先貶後褒的人。

阿倫森（Elliot Aronson）是一位著名的心理學家，他認為**人們多半都喜歡那些對自己表示讚賞、獎勵和好感不斷增加的人或事，而不喜歡會對自己讚賞和肯定不斷減少的人或事**。

因此每次聽聞一些令大眾跌破眼鏡的緋聞，例如兩個不太可能湊在一起的人竟然打得火熱，或是不打不相識的死對頭竟譜出一段戀曲，也就都不足為奇了。

為什麼會這樣呢？其實主要是挫折感在作怪。從倍加褒獎到小的讚賞，乃至於不再讚揚，這種遞減會導致一定的挫折心理，但一次小的挫折一般人都能比較平靜地加以承受。

然而，繼之不被褒獎反被貶低，挫折感會陡然增大，這就不大被一般人所接受了。遞增的挫折感是很容易引起人的不悅及心理反感的。

「阿倫森效應」提醒人們，在日常工作與生活中，應該盡力避免由於自己的表現不當所造成的他人對自己印象不良方向的逆轉。

同樣地，它也提醒我們在形成對別人的印象過程中，要避免受它的影響而形成錯誤的態度。

為什麼「相愛容易、相處難」？

為什麼「相愛容易、相處太難」的婚姻難題：一對戀人，在結婚前，總是試圖給對方留下好的印象，也總是試圖給對方更多照顧。

但結婚後，隨著時間的推移，對對方的照顧越來越少，真實的自我也表現得越來越多。

「阿倫森效應」告訴我們：人們最不喜歡那些讚揚不斷減少的人或物。所以，問題便出現了。就像是初戀的情人，因為有緣相識而興奮不已，把所有的好話說盡，盡自己所不能也要滿足對方歡心，雖然真誠，但是很難持久。

而隨著時間的推移，你再沒有那麼多的甜言蜜語，也不能繼續做出超額的奉獻，對方就會覺得你一天不如一天，漸生矛盾。

先貶後褒多讚美，累積好印象

「阿倫森效應」提醒人們在職場與情場上，應該盡量避免因為個人的表現不當造成他人對自己印象方向的逆轉，同時也提醒在形成對別人的印象過程中，最好能避免受它的影響而形成錯誤的態度。

戀人在交往的初始，總是盡其所能地想讓對方留下好的印象，表現出自己最好的一面，但隨著時間的推移、安全感和熟悉度的增加，多一點相處便會看到對方的缺點或說是更真實的他。

所以一開始不要過度吹捧或美化自己、讓對方期待過高，更能呈現真實面反而可減少這種落差。

「阿倫森效應」告訴我們，一般人都不喜歡褒獎和讚賞遞減，一旦有落差開始受對方貶抑，自然容易讓我們注意到那些本來對我們好像不屑

一顧，後來卻不斷釋放善意和好感的人。而較吝於讚美戀人的人也可以參考阿倫森的說法，或許嘴甜一點、多給對方遞增的鼓勵和欣賞，就可以翻轉漸趨平淡的關係。

「阿倫森效應」的自我測驗

（1）是否聽到讚揚就心情舒暢，工作衝勁足呢？

（2）對別人的指責，總是抱持著逆反心理？

（3）心態決定自己當天的言行嗎？

（4）失意時，內心的無助茫然感一天強過一天？

以上如有三項符合，則要適時調整你的心態了。

如何防治「阿倫森效應」？

防治阿倫森效應，你可從三方面入手：

（1）防患於未然：

平時注意加強心理素質的培養，增強心理適應能力。

（2）在日常工作與生活中，避免由於自己的表現不當所造成的他人對自己印象不良方向的逆轉：

多以一顆平常心來面對周圍的褒貶，並避免受它的影響而形成錯誤的態度。具體可採用支持療法，首先正視對消極因素的看法，然後利用內外資源從支持性心理療法一步步向穩定性支持療法轉移。

（3）運用臆想法：

從精神上取悅於自己，再以輕鬆姿態面對現實。

37 對於越得不到的東西，越在所不惜

「理智的最後一步就是意識到有無數事情是它力所不及的。」

——法國物理學家 布萊茲‧帕斯卡（Blaise Pascal）

在生活中常常會遇到這樣的情況：當你越想把一些事情或訊息隱瞞住不讓別人知道時，就越會引來他人更大的興趣和關注，人們對你隱瞞的東西充滿了好奇和窺探的欲望，甚至千方百計透過別的渠道想獲得這些訊息。

而一旦這些訊息突破你的掌握，進入了傳播領域，會因為它所具有的「神秘」色彩被許多人爭相獲取，並產生一傳十、十傳百的效果，而與你隱瞞該訊息的願望背道而馳。

無法知曉的「神秘」的事物比能接觸到的事物對人們有更大的誘惑力，也更能促進和強化人們渴望接近和瞭解的訴求。

我們常說的「弔胃口」、「賣關子」，就是因為受傳者對訊息的完整傳達有著一種期待心理。一旦關鍵訊息的闕如在受傳者心裡形成了接受空白，這種空白就會對被遮蔽的訊息產生了強烈的「召喚」。

特別在涉及公眾切身利益的問題上，人們恐懼的往往不是確定的事實，而是不確定的、難以知曉的事情，在無法知曉和渴望知曉的矛盾過程中，公眾會因為恐懼心理而更加渴望獲得訊息。

　　當一些事物被禁止時，反而更吸引人們的注意力，使更多人因好奇而參與或關注。有一句諺語說：「禁果格外甜」，就是這個道理。

心理實驗

　　美國心理學家在一個實驗當中，讓一名受試者擁有兩種選擇。

　　在沒有壓力的情況下，有一個人告訴他：「我們都選Ａ」；在高壓力的情況下，另一個人告訴他：「我認為我們要選Ａ才對」。結果，在沒有壓力的狀況下受試者選擇Ａ的比率是七十％；在高壓力的情況下，只有四十％的人選擇Ａ。

　　可見如果選擇是出於自願性的，人們便會依照自己的喜好選擇出喜歡的那方，但如果是被強迫的話，便會直接降低對受選物的好感。

　　一九七二年，為了瞭解父母的干涉是否會改變夫妻或情侶之間的關係或者相愛的程度，心理學家德瑞斯科（R. Driscoll）調查了九十對夫婦與相戀已達半年的四十對情侶。

　　結果發現在一定的範圍內，當父母干涉的程度越高時，情侶之間的愛情便會越深。當出現干擾戀愛雙方關係的外在力量時，雙方的情感反而會加強，戀愛關係也因此更牢固，這種現象便借用莎翁名劇命名為「羅密歐與茱麗葉效應」。

　　如果人們的選擇是自願的，人們會傾向於增加對所選擇對象的喜歡程度；而當選擇是強迫的時候，人們會降低對所選擇對象的好感。

　　因此，當強迫人們做出某種選擇時，人們對這種選擇會產生高度的心理抗拒，而這種心態會促使人們做出相反的選擇，並實際上增加對自己所選擇的對象的喜歡。

　　因此，當外在壓力要求人們放棄選擇自己的戀人時，由於心理抗拒

的作用，人們反而更轉向自己選擇的戀人，並增加對戀人的喜歡程度。

在華人地區，沒有人不知道《梁山伯與祝英台》的民俗故事。梁山伯與祝英台兩人一開始只是不知情的同窗兄弟關係，梁山伯對祝英台並沒有其它情感。但是，當他得知祝英台對自己始終一往情深，最後彼此卻又無法長相廝守時，便病死了，這也是同樣的道理。

心理學家發現，人性對於越是得不到的東西，越是在所不惜，越是覺得不能失去。

直到現在，我們有時還能在新聞上看到一些情侶因為受到父母親的反對或拆散而燒炭自殺，更不用提及那些檯面下私奔的人數有多少，這就是羅密歐與茱麗葉效應（the Romeo and Juliet Effect）。

原理分析

在英國劇作家莎士比亞（William Shakespeare）的經典名劇「羅密歐與茱麗葉」（Romeo and Juliet）當中，故事描述兩人在舞會上一見鍾情，知道了彼此的身分。在兩人秘密結婚之後，茱麗葉的父親強迫她嫁給有皇族血統的男子，之後羅密歐卻因意外殺了茱麗葉的表哥而遭判流放。

在故事中，兩個人為了在一起，茱麗葉便選擇了先服下假的毒藥，她計畫醒來之後就與羅密歐遠走高飛。但卻因傳達羅密歐茱麗葉是假死的人未能及時趕到，使得羅密歐不願意一個人獨活而自殺了。

當茱麗葉的毒藥藥效退了之後，她醒來竟發現羅密歐跟隨她自殺了，便再度為了他而自盡。

羅密歐與茱麗葉彼此相愛，但由於雙方家族是世仇的身分，使得他們的愛情遭受到了極大的阻礙。但這些反對聲浪並沒有使得他們分手，反而讓他們愛得更深，直到殉情。這就稱為「羅密歐與茱麗葉效應」，也稱

為「禁果效應」。

此種效應就是指**當出現干擾雙方戀愛關係的外在力量時，兩方的感情反而會因此加強，關係也更加牢固，這種情形不僅發生在男女的戀愛關係之間，也會發生在其它地方。**

對於越難得到的人事物，他們在人們心目中的地位就會變得更重要，價值也會隨之提高，因此也有學者們以「阻抗理論」（Reactance Theory）來解釋這種效應。

當人們的自由受到限制的時候，會產生不愉快的感覺，但是如果去做那些被禁止的行為，反而可以消除這些不悅感，所以才會產生所謂的「叛逆」、「反骨」一詞。

🔍 提高難度，就能促使更加努力

「羅密歐與茱麗葉效應」又稱為「禁果效應」，指有好感的異性之間受到的外界干涉越多，他們的感情就會越深。當人們被迫做出某種選擇時，人們對這種選擇會產生高度的抗拒，而這種心態會促使人們做出相反的決定，更會加深感情在自己的抉擇上。

也因此，當人們在選擇戀愛對象時，由於人們對各種戀愛阻力的心理抗拒關係，反而會使雙方的感情更穩固。但是一旦阻力不存在時，雙方卻有可能分開，也就是說，通常經歷過重重阻礙和生死考驗的愛情，卻不一定能抵擋住平凡生活的難處。

反過來說，若我們能想辦法提高對方的希望和獲得的難度，就是能促使對方努力去追求目標的簡單辦法。

反運用：採取放任態度

正因為人們都有一種「自主的需要」，都希望自己能夠獨立，不願受人控制。一旦他人越俎代庖，替自己做出決定，並將這種決定強加於自己時，就會覺得自己的權益受到了威脅，進而產生抗拒，無論是好是壞，多半都會排斥自己「被迫選擇」的事物，同時更加「懷念」被迫失去的事物，正是這種效應導致了羅密歐與茱麗葉的故事一次次地不斷上演。

但是我們可以如何有效運用呢？很簡單，那就是放任不管，甚至不斷地說起好話，讓他思考起「其實這件人事物也沒你說得這麼好吧？」反而認真找起對方的缺點來，那麼此效應就是運用成功了。

「羅茱效應」的媒體傳播作用

二〇一二年十月九日，中國雲南的幾十萬份已印刷完成的報紙《都市時報》遭到了「跨省撤報」，因為被撤報紙的頭條是《福建「表叔廳長」來了》曝光了福建官員戴鑲鑽手錶、繫名貴皮帶的新聞訊息，反而因撤報行動傳播得更廣了。

在現代社會，如果想透過封鎖一家報紙來阻礙新聞訊息的傳播，報紙上可能會沒有刊出，但某一新聞一定會成為網路新媒體上的熱門話題。

正因現在是新媒體時代，任何訊息的封閉都擋不住四通八達的新媒體渠道，這次撤報的「羅密歐與茱麗葉效應」引發了更大的傳播潮。

事實上，現在的訊息流通就像水流一樣，大道不傳小道傳，抽刀斷水水更流，堵塞與壓制只會刺激訊息更快速地流通。

「羅茱效應」的學習激勵作用

一個孩子學了一年的電子琴，覺得沒有什麼意思，便想放棄了。

　　這個時候聰敏的媽媽就買回了一架高級的電子琴，放在自己的室，不許孩子碰它。

　　孩子急了便說：「媽媽，電子琴不是給我的嗎？為什麼不讓我碰？」媽媽故意告訴她：「反正你也學不會，碰它幹嘛？」、「誰說的？」孩子叫了起來：「我一定會學會的」。

　　以後，每當媽媽不在家的時候，她就會偷偷跑去彈。

　　記住，避免將不好的東西當成禁果，人為地增加對孩子的吸引力。其次，要把孩子不喜歡而又有價值的事情人為地變成禁果以提高其吸引力。

心機備忘錄

　　要有效說服對方，就需要收集正反兩方的資訊，比較容易讓人相信，這就是一般常見於廣告界中所謂「自打嘴巴」的策略，利用些許不利己方的反面資訊，反而會使正面訊息更為可信，進而加深聽者對該訊息的接受度。

38 務必注意逆反心理的反撲

小齊在管理員工方面的「嚴肅」是出了名的。作為老闆，他為藥房制定了完善的管理制度，並嚴格執行，促使員工的服從意識非常高。

可是，最近小齊發現員工對他的「嚴格要求」微辭頗多。諸多管理關係中尤為突出的，就是批評的效果越來越糟糕了。為了提高員工的工作效率，小齊對那些違反店裡規定的員工，總是毫不留情地進行批評。

例如有一次，一名女員工在銷售處方藥時，沒有按照規定得有處方箋才能買藥，就將藥品銷售給了病患，當病患回家後發現藥品並非自己指名想要的廠牌，便找藥局調換，同時向小齊投訴了那名員工。於是小齊按照藥局規定，對該店員進行了罰款兩百元的處罰。

事情本該到此結束。但是，在接下來的日子裡，小齊常常把這件事掛在嘴邊，督促員工在銷售處方藥時一定要「引以為鑒」，甚至三番五次在開會十將這個案例搬出來教育大家，並直接說出了女員工的名字。

面對店長無止盡的「揭瘡疤行為」，女員工敢怒而不敢言，最終只得遞上「一紙休書」辭去了工作。小齊這才意識到，是自己的批評過了火。

美國作家馬克·吐溫（Mark Twain）在聽牧師演講時，最初感覺牧師說得好，打算捐款；十分鐘後，牧師還沒說完，他不耐煩了，決定只捐些零錢；又過了十分鐘，牧師竟然還沒有說完，他決定不捐了。

在牧師終於結束演講開始募捐時，過於氣憤的馬克·吐溫不僅分文未捐，還從盤子裡偷了兩元。

而這種由於刺激過多強或作用時間過久，而引起逆反心理的現象，就是「超限效應」的作用。

上述案例中，小齊的批評總是喋喋不休，沒完沒了，給女員工造成了很大的心理傷害，這才導致了女員工的離開。其根本原因在於店長沒有掌握好批評的「分寸」，出現了「超限效應」。

接二連三地重複對一件事進行同樣的批評，會使員工從最初的內心愧疚變成不耐煩，進而產生逆反心理——「為什麼對我的過失總是耿耿於懷？」

本來他也許已經做好了改正的準備，但在老闆無止盡地批評的刺激下，完全有可能索性翻臉，這會給企業管理帶來更大的不穩定因素。

原 理 分 析

「超限效應」的啟示在於，**刺激過多、過強或作用時間過久，往往會引起對方心理極不耐煩或逆反，如此便容易事與願違**。就像馬克·吐溫一樣不僅不捐錢，反而還從盤子裡偷走了兩塊錢。

而「超限效應」也反應了幾個問題：

（1）以自我為中心。

（2）沒有注意方式、方法。

（3）沒能注意「分寸」的把握。

（4）沒有換位思考。

人非聖賢，孰能無過？每一個人都有可能受批評的時候，但並不是所有的過錯都可以透過批評來解決，或者說都需要透過批評來指出。

有的人有了過錯能夠自省並且立即改正，有的人的過錯只是偶然之間的失誤而不會有重複性，有的人的過錯是因為協力廠商的影響，當然有的人確實是工作態度問題，也不排除有的人有時會別有用心……

面對這形形色色的過錯，對於上司來說，批評下屬就絕不是一件可以隨心所欲的事情，如果想怎麼罵就怎麼罵、想怎麼批評就怎麼批評，反映出的就是一個管理水準問題。

批評絕對是一門學問。善意的批評能夠讓人如沐春風，虛心接受，並很快改正；而不合適的批評方式卻讓人心存不平，難以接受。在批評的過程中，應選擇適合的批評方式，以求達到理想的教育目的。

「超限效應」，對於廣告宣傳也有一樣的啟示：一個創意很好的廣告，第一次被人看到的時候，令人賞心悅目，第二次被人看到的時候，會讓人用心注意到他宣傳的產品和服務。

但如果這樣好的廣告要在短時間內大密度轟炸的時候，就會令人產生厭惡之感。所以，廣告宣傳是需要有一定的密度，使需要從多方面刺激消費者的感官，但要適可而止。

How to use?

「超限效應」的交談運用

當兩個人交談的時候，同樣要注意節奏，控制時間，重要的內容要

在前面的三十分鐘充分說明，切忌鋪墊太長。

如果你發現對方已經開始看錶，或者注意力已經分散、開始東張西望時，這代表你的談話要準備收場了，收場的時候最好把你的態度或者觀點再總結一次，這樣效果最好。

犯一次錯，只批評一次

「超限效應」在家庭教育中時常發生。例如，當孩子不用心而沒考好時，父母會一次、兩次、三次，甚至四次、五次重覆對一件事做同樣的批評，使孩子從內疚不安到不耐煩，最後反感討厭。被「逼急」了，就會出現「我偏要這樣」的反抗心理和行為。

因為孩子一旦受到批評，總需要一段時間才能恢復心理平衡，受到重覆批評時，他心裡會嘀咕：「怎麼老這樣一直說？」孩子挨罵的心情就無法回歸平靜，反抗心理就高漲起來。

可見，家長對孩子的批評不能超過限度，應對孩子「犯一次錯，只批評一次」。

如果非要再次批評，那也不應簡單地重覆，要換個角度，換種說法。這樣，孩子才不會覺得同樣的錯誤被「揪住不放」，厭煩心理、逆反心理也會隨之減低。

提前給提醒，幫助克服

指導你的下屬或者幫助你的同事的時候，也要講究方法。

一個問題，可能是他的一個毛病，也可能是你給他的一個建議。要抓住一次機會深深地給他說明白，然後給他時間讓他領會和接受。過一段時間還沒有改變的話，可以再找一個非正式環境提醒他，點到為止，同時

做出想耐心傾聽他意見的樣子，如果他沒有反駁，就可以說明他是會接受的，以後你要做的就是在時間上給他些壓力，令他盡快改變，在類似的事情即將出現的時候提前給他一個提醒，幫助他克服。

切忌就一個問題在短時間內三番五次地跟他講，反覆向他強調，這樣，你很容易得到「婆婆媽媽」的稱號，還會讓他對你產生厭煩的心理，逆反的心理，不利於你們日後的溝通與共事。

🔍 如何有效抓住你的聽眾？

要抓住你的聽眾的心，關鍵在一開始的三分鐘。

如果你在做一場報告，抑或是一場演講，開始的三分鐘很重要。

你必須在三分鐘內進入你的主題，必須在三分鐘內以你的魅力抓住聽眾。整個的演講過程要邏輯清晰，層層推進。演講過程中要設計語調的變化，意境的變化，力求在「中場」也產生「三分鐘效應」。

在一個大型的論壇上，更要控制好自己的時間，用好三分鐘和三十分鐘，重點內容要在三十分鐘內講到，主講內容控制在四十至五十分鐘。

時間一長，聽眾的精神會疲勞，注意力會分散。有一種人很愛麥克風，喜歡拖場，殊不知他後面的資訊已經很困難被聽眾接受了。

例如，小學的一堂課是四十分鐘左右，大學的一堂課是五十分鐘，這就是經驗的結晶。

🔍 「超限效應」的注意事項

（1）明確做事的目的，所有的步驟一定要圍繞目的展開。

（2）步驟一定要有效，始終與目的對照。

（3）學會用「南風法則」關心、體恤對方。

（4）學會用「互惠定律」，希望別人做好的同時，首先考慮自己是否做好，是否讓對方滿意。

批評之後，務必要鼓勵

俗話說：「打一巴掌，再給一顆糖。」儘管這個「巴掌」不能隨便打，但為了今後管理工作的開展，既然打了，給與不給「糖」的效果肯定會不同。

有關調查顯示，在被上司批評之後，有七十五％以上的員工會產生自卑心理；其中又有二十％左右的員工會因為自卑心理而影響工作品質。

相反地，如果批評者能夠在批評之後對員工進行一些心理安慰或鼓勵，產生自卑心理的員工人數將下降至十％以下，且被批評者中有九十％以上的員工能夠有所改進。

由此可見，在對下屬的錯誤進行批評之後，適當地給予鼓勵是非常必要的。例如簡單一句「你的總體表現還是不錯的！」、「我想你會做得更好」等等，都會被受批評者喜聞樂見，帶來意想不到的收穫。

39 曝光次數越多，越討人喜歡

> 「不尊重別人感情的人，最終只會引起別人的討厭和憎恨。」
>
> ——美國人際關係學大師 戴爾・卡內基（Dale Carnegie）

在職場中，這樣的現象隨處可見。有些人很會做人，經常跟同事聊天、話家常、送點餅乾點心……有些人經常出現在上司的左右，一副願效舉手之勞的表情。

試想，他們的人緣是不是比較好？老闆是不是對他們讚不絕口？不管是外貌還是能力，這些人中的大多數可能都算不上突出，那為什麼他們在公司裡就能受寵呢？很簡單，他們都知道「多看效應」的妙用。

在社會心理學中，此一效果在人際關係的研究中，一個人在自己的眼前出現的次數越多，自己越容易對其產生偏好和喜愛。

 心理實驗

二〇世紀六〇年代，心理學家查榮茲曾做過一個實驗：

他讓參加實驗的人看一些人物照片。其中，有的照片出現二十幾次，有的照片出現十幾次，而有的照片只出現一兩次。

最後，他讓看照片的人說出他們對照片的喜愛程度。

結果證實，看到某張照片的次數越多，人們對某張照片就越喜歡。

也就是說，看的次數與喜歡的程度成正比例關係。

另一位心理學家也做過類似的實驗。在一所大學裡，他隨機進入幾個女生寢室，發給這些女生幾種口味不同的飲料，並請她們以品嘗飲料為由，在這幾個寢室裡互相走動，但見面時不能互相交談。

過了一段時間，心理學家請她們說出相互之間的熟悉和喜歡程度。

結果證實，兩個女生相互有好感與否跟雙方見面的次數關係很大，見面次數較多的，相互之間喜歡的程度也就越高；見面的次數較少或根本沒有見面的，相互之間喜歡的程度就會低一些。

此種心理現象稱為「單純曝光效應」，也稱為「重複曝光效應」（Mere Exposure Effect），也被稱為「熟悉定律」（Familiarity Principle），此一現象所囊括的事物十分廣泛。例如文字，畫作，人像照片，多邊形及聲音等，是一種人們會單純因為自己熟悉某個事物而產生好感的現象。

原理分析

「多看效應」是指對越熟悉的東西就越喜歡的現象。

在人際交往過程中如果仔細觀察，你就能發現，那些**人緣好的人都善於運用「多看效應」，他們非常善於製造雙方接觸的機會，以提高雙方的熟悉程度，進而提升自己的人氣指數。**

如果一個人想改善自己與朋友之間的關係，那只能多到朋友家走動走動，就算只是露個面，小坐一會兒也非常有效。

作為職場新人，如果一味地自我封閉、埋頭苦幹，恐怕很難在同事那裡得到一個很好的評價；相反地，要是能多跟同事話話家常，多跟上司交流溝通，增加自己在同事、老闆面前的「曝光率」，那他的人際吸引力

通常會有所提高，就有機會得到老闆的青睞。

若想增強人際吸引，就要留心提高自己在別人面前的熟悉度，這樣可以增加別人喜歡你的程度。因此，一個自我封閉的人或是一個面對他人就逃避和退縮的人，由於不易讓人親近而另人費解，也就不太討人喜歡。

當然，「多看效應」發揮作用的前提，是前述的「首因效應」要好，若給人的第一印象不差，則見越多次面就越討人厭，「多看效應」反而起了副作用。

How to use?

🔍 第一印象不錯，就多露臉吧

想增強人際吸引力，就要留心提高自己在別人面前的熟悉度，這樣可以增加別人喜歡你的程度。因此，一個自我封閉的人，或是一個面對他人就逃避和退縮的人，由於不易讓人親近而令人費解，也就是不太讓人喜歡了。

當然，「多看效應」發揮作用的前提是你給人的第一印象還不差，否則見面越多就越惹人討厭，這也並非是你想要的。

想想看，你周遭有沒有常在你面前「露臉」的人。如果想給別人留下不錯的印象，常出在他面前就是一個簡單有效的好方法。

🔍 相貌不佳的人也可以變「耐看」

「多看效應」不僅僅是在心理學實驗中才出現，在生活中，我們也常常能發現這種現象。

例如，我們新認識的人中，有時會有相貌不佳的人。最初，我們可

能會覺得這個人難看，可是在多次見到此人之後，逐漸就不覺得他難看了，有時甚至會覺得他在某些方面很有魅力。親戚朋友之間多來往能增進感情，否則就可能會慢慢疏遠。

另外，你細心觀察可能會發現，經常在上司身邊出現的人往往比較受上司喜歡，這也是「多看效應」的作用。

因此，如果你希望被別人喜歡，別忘了給他機會多「看見」你。但是請注意，「多看」的次數是有限度的，過於熟悉可能會產生厭煩感。

有效改善人緣的露面技巧

如果你想改善自己的人緣，不妨多走動一下，即使只是露個臉、借文具、換本書。在這些細節的來來往往中，就無形中提高了自己的人際吸引力，也獲得了你所期待的群眾基礎。

作為職場人士，埋頭苦幹也並非明智之舉。自我封閉，不與人交往，遇事逃避退縮，只會讓你的職業發展之路止步不前。

當然，不是鼓勵拍馬屁，露臉也要講技巧，例如吃飯時的禮貌招呼，電梯裡的寒暄，會議上的相視一笑，某次活動中的出色表現……只要你不再低頭走過，就是一個良好的開始。

當然，「多看效應」並非萬能鑰匙。一切的前提，還是認清自己，認識自己了，再秀給別人「看」。

 說溜嘴的背後真相

「承認自己也許會弄錯，就能避免爭論，而且，可以使對方跟你一樣寬宏大度，承認他也可能有錯。」

——美國人際關係學大師　戴爾‧卡內基（Dale Carnegie）

網路上有一則關於口誤的故事：

有一位在美國求學的留學生應邀到他的接待家庭用晚餐，主人很和善，也很熱情，賓主相談甚歡。

離去時，留學生對主人客套地說了一句禮貌性的話，他說：「Thank you for inviting me over. The dinner was terrible……eh……I mean……terrific」。

現場大家先是一愣，繼而哄堂大笑。接著賓主都展現了幽默，化解了這場尷尬。

這個口誤如果依佛洛依德的解釋來看，顯然那頓晚餐很難吃，可是這位留學生礙於禮貌不便如此表示，但是卻在不經意的情況下說溜了嘴，把刻意壓抑的想法說了出來。

可是，這個口誤也可以有比較合理的解釋。「terrible」（口語：極糟糕的）和「terrific」（口語：非常好的）這兩個詞長得很像，前兩個音節完全相同，只是重音位置不同。因為「terrible」這個詞比較常用。

這位留學生以「ter」為重音音節去語詞辭典中提取所要的詞，結果提取

到的是「terrible，而非「terrific」。

心理實驗

在人們的日常生活中，人們往往會因為各種原因說錯話，那些原本不是出自內心的話被稱為「口誤」。

奧地利心理學家佛洛伊德（Sigmund Freud）對「口誤」非常有興趣。他提醒我們，「口誤」是非常有研究價值的。因為「口誤」並非偶然，而且恰好相反，口誤的內容往往是內心深處的真實想法的反應和寫照。

佛洛依德曾對「口誤」有極大的興趣，並且以其心理分析的理論來解釋，他認為人們的「口誤」實際上反映了潛意識裡被壓抑的想法。他利用分析病人的「口誤」來幫助病人洞察自己內心受到壓抑的病源，從而解決其心理上的困擾。

根據佛洛伊德的理論，潛意識的一切結構特徵都是一組簡單的機制。因此，其結果不侷限於所謂的「神經官能症病患」，也同樣構成於正常人，就像是「夢」和「口誤」，作為正常人潛意識的產物，透過精神分析也可以納入一切潛意識研究，並且分析的結論是具有意義的。

所以心理學分析認為，從一個人的「口誤」之中，往往可以發現對方內心深處的某些秘密，這便被稱為「佛洛伊德口誤」（Freudian Slip）

原 理 分 析

心理學者在與人溝通的過程中，往往喜歡創造一種舒適的氛圍，讓與自己溝通的人覺得安逸，然後放鬆心理警戒，公開、誠實地表達自己的

想法。

在這種情況下，如果讓一個人自由地談論自己，最終會發現不管他之前的心理戒備多麼強烈，最終肯定會在某個時刻釋放出自己的潛意識，脫口而出真實的想法。這就是精神分析學的鼻祖佛洛伊德曾提出的一個很著名的心理學理論「佛洛伊德口誤」。

說話是一種概念轉化及語詞生產的過程，就像工廠生產一部汽車、一臺電腦一樣，需要涉及好幾個部門和好多道複雜的程序。我們說話的時候通常只意識到所要表達的概念與想法，而無法察覺到潛意識下的活動。

認知科學家透過分析人們說溜嘴時的口誤及精確設計的說話實驗，逐漸能夠掌握說話的生產機制。平常人一分鐘平均可以說到一百五十個詞，說得快的人甚至可以達到一個詞只花費五分之一秒的時間，這樣的速度相當驚人。

而更驚人的是錯誤相當少。根據估計，一般人說溜嘴的機率是千分之一，也就是平均每說一千個詞，才會犯一次錯。

由此可見，上帝安裝在人的大腦中的說話工廠是多麼地精密。如果能夠完全瞭解、掌握這個工廠的運作機制，就有可能讓機器人像人一般地講話。

雖然人的說話工廠不常犯錯，但畢竟還是有的，這種錯誤稱為口誤或說溜嘴。有趣的是，口誤的型態不是任意的，而是有規則可循的。

因為有規則可循，所以科學家可以分析這些口誤，從而反推說話工廠的可能運作機制。

佛洛伊德認為，**一個人平時不經意間出現的諸如口誤、筆誤、動機性遺忘、童年回憶遺忘等差錯並不是無意義的，而是受到其潛意識的影響。**例如，當某人在派對上出現口誤，把「我來了」說成「我要回去

了」，這代表了他心裡事實上不願意參加派對。

　　佛洛伊德在自已的著作《日常生活之精神病學》中指出，他不能完全肯定所有的差錯都是受到潛意識的影響，因為也可能存在其它與潛意識無關的生理因素影響。

🔍 銷售運用：洽談主動提問式談話

　　為了能將銷售洽談盡快展開，同時更多地獲取客戶訊息，最好採用問詢式的談話方式，將話語引導給客戶。

　　我們可以盡可能多使用例如「怎麼」、「為什麼」等代詞、副詞開始對話。實際上這也完全符合銷售技巧一貫的原則——讓客戶多說話才能做好銷售。

🔍 銷售運用：改變談話的立場

　　銷售手法應該避免急功近利和趕盡殺絕，銷售人員應該站在客戶的角度去想問題，去幫助客戶分析需求，甚至把自己當成客戶的顧問去討論產品。這樣是非常有助於獲取客戶的真實想法的。所謂「口誤」在這種環境下也是比較容易出現的。

🔍 銷售運用：直說產品的缺點

　　任何一種產品都不可能十全十美，客戶需要的是滿足自己需求的產品或服務。任何不切實際的吹噓和掩蓋只會加劇客戶的戒備、不滿甚至排斥。不加掩飾的真實情況，才是客戶願意瞭解的。

經驗來說，誠實和誠懇往往更能建立通暢的客戶交流平臺，雙方都會願意在這樣的環境下面拿出自己心裡的真實想法。

銷售運用：控制主動權

當一次交流開始後，銷售人員應該學會控制談話的主動權，也就是話語權。這個時候，銷售人員或提問或聆聽，都是主動控制著進程，引導著客戶意識往自己期望的軌道行進。

這個時候要注意客戶的反問，對於介紹產品有利的反問應該積極正面回答，但是過多的反問會影響談話的主次，會失去主動權。

所以應該及時換轉話題，跳出被動的格局。對於客戶的提問，我們可以考慮用類似這句話去轉換：「這是個好問題，但我能不能先問你一下另一個問題？」

銷售運用：當一個好聽眾

我們都知道「銷售發生於言語，但購買卻是無聲的」。

很多銷售人員喜歡滔滔不絕、甚至妙語連珠，像是一場表演。某些銷售人員特別喜歡打斷客戶的表述，接下話題，以此來顯示自己的聰明和預見性。

其實在客戶未完成話語前，過早放棄傾聽很不聰明。因為這很可能喪失探求客戶真實想法的機會，也就是把你面前的「佛洛伊德口誤」給嚥了回去。

銷售運用：我的世界裡只有你

在銷售時，做到全神貫注還不夠，應該把自己所有感官的注意度都

放在客戶身上。只考慮客戶所說，仔細觀察客戶任何細小動作給你的訊息，就像聚光燈一樣照射著你對面的客戶，這個時候，他的任何一個舉動都逃不過你的感覺，即便沒有出現「口誤」，任何反常的動作或習慣性的動作都可能給你帶來提示。

潛意識可掩飾，無法真正隱藏

從心理學分析中，我們可以知道人的潛意識所帶來的意圖雖然可以掩飾，但總會從某些方面暴露出來，只要消除了人的防範意識或人為地制造一些情感壓力，往往可以直接或間接地瞭解所要探詢的訊息。

在日常生活中，我們可以發現，任何人在情緒好時，都很喜歡打開心扉，暢所欲言；但是在心情不好時，往往喜歡陷入沉默或者對厭惡的東西變本加厲地詛咒。

人作為自然界的產物，當然也無法超越於大自然所烙上的本性印痕。在分析了這些情況以後，我們很自然能夠得出一些規律性的東西，用之於有效的實踐。

41 恐怖心理有效捕捉對方芳心

> 「你的心靈常常是戰場。在這個戰場上,你的理性與判斷和你的熱情與嗜欲開戰。」
>
> ——黎巴嫩詩人 紀伯倫(Khalil Gibran)

在美國好萊塢的英雄主義片中,我們經常可以看到美麗的女主角被邪惡的壞人抓走了,然後英勇敢冒險的帥氣男主角將其救出之後,兩人開心地擁在一起,陷入了愛河,接著便對著螢幕前的觀眾瘋狂放閃的這一幕劇情。

這種在危機恐懼下造成的激動心情,加上女生對強者的崇拜和滿足安全感的心理作用,以及男方對自我的滿足和被需要的情感充足,常常有乾柴碰到烈火、一發不可收拾的愛情出現,羨煞了不少電視機面前的觀眾。

所謂的「英雄救美」,浪漫又滿足觀眾的期待,但是,這種愛情是真的嗎?

心理實驗

著名的心理學家亞瑟・艾隆(Arthor Aron)曾於一九七四年做過一個實驗:

這個實驗是由一名漂亮的妙齡女子,把自己的電話號碼給予兩種不同環境下,例如吊橋上和一般的橋上的不同男子,藉由比較在不同情境

下，會回電給此名女子的人數比例差異，以判定環境對心理的影響。

而實驗結果顯示出，在吊橋上的男子回電的比例，遠遠大於在一般石橋上的男性。

這是由於在吊橋上較危險的環境時，會使人心跳加速，而當遇到異性時，錯把這種心跳加速的生理現象，歸因於眼前異性的存在，因此被對方所吸引。

基本上，如果更廣義的來說明「吊橋理論」的話，就是當人們處在會使自己情緒較激動的情況時，如果身邊有異性存在，會容易地把這種生理現象當作是戀愛的悸動，因此而產生戀愛的感覺。

原理分析

「吊橋理論」是指當走在橋上與異性相對而遇時，會對迎面走來的異性有好感，這是一種錯覺。因為當走在吊橋上時，吊橋晃動，所以會使得心跳加速，此時再看到異性，就會誤以為是因為這個異性讓自己有好感，所以導致心跳加速。

因此「吊橋理論」的應用，就是在這種情況下對著喜歡的人告白，因為「吊橋理論」的作用也會影響到想告白的對象，也就提升了告白成功的機率。

「戀人是因誤解而在一起，因為瞭解而分開」這句令人感傷的話，恰巧能準確指出因為「吊橋理論」產生的愛情的後續發展。

首先，因為對於伴侶有著過度的期待，並把自己的幻想加諸在對方身上，一開始的時候並不會在意那些缺點及價值觀的差異；但是，等過了衝動的時期，想好好穩定下來時，便會發現對方有許多你完全無法接受的事，就連牙刷沒有擺在正確位置這種事情都有可能被拿來大吵一番，更何

況其它價值觀的不同呢？

結果，他和你的想像差距越來越大，這種前後的差距之大讓你無法繼續包容對方，只能走向分手的結局。

不過，並非所有這種形式的愛情都會像上述一樣以悲劇收場，也是有著許多繼續保持相敬相賓而持續在一起的，更何況沒有開始哪來的後續呢？

因此，如何實際的利用這種心理學現象來追到心儀的對象或是和異性更進一步，才是更有意義繼續探討的議題。

所以說，**要追女孩，或者增進男女之間的感情，就去做一些會令對方心跳加速的事吧**，例如看恐怖電影或是坐「自由落體」，都是有幫助的。

擔任拯救後備新人的角色

不論是職場或是學生生活，都會有所謂「後輩」的角色，他們因為經驗不足，常常需要一些幫助。如果在他因為搞砸任務而情緒非常緊張時，把對方從「吊橋」上解救他，他便會深陷在「吊橋」中，對你有著異樣的好感，你便已經成功了一半了。

這種「學弟學姐配」、「學妹學長配」，想必在你我身邊都有例子，已經不用再證明這件事的成功機率。

但是，很多時候，更是因為你生性害羞或是沒有剛好可以發揮的專長，無法利用這種方式來和異性進一步接觸。此時，很推薦你進入運動型的社團或團體，其中更是推薦「登山社」，不但因為登山過程會因持續運

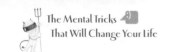

動而全身發熱，登高還會因空氣稀薄而加速呼吸，而且一起克服難題的感覺會拉近彼此的距離，讓你也可以簡單的和他對話。這完全就是「吊橋」的完美演繹。

總之，如果身邊有會讓人心情激動的環境，便可以藉此來拉近彼此的距離。

男人不壞，女人不愛

你聽過「男人不壞，女人不愛」嗎？這其實也是種「吊橋」的應用。

為什麼這麼說？因為壞男人容易讓女人心情激動，之後再利用小禮物、關心體貼等方法反轉對方對自己的印象，使對方產生戀愛的錯覺。

所以說，要先能夠引起對方的情緒、使對方注意到你，才有機會進行之後的進一步認識。

反過來說，當你知道了「吊橋」，也可以藉此來檢視，你所感受到的感覺，到底真的是因為對方的存在，還是只是一時的意亂情迷呢？

如此，也可以幫助你好好認清楚對方真正的樣貌，使自己不會身陷在錯誤的關係當中。

心機備忘錄

人們的衝突通常到最後會演變成「對人不對事」的情緒問題，所以，為了避免讓人產生防備心態，你可以多使用「我們」這個詞做為開頭，藉此強調彼此是命運共同體，淡化「個人」在討論當中的角色。

42 欲擒故縱，得不到的最好

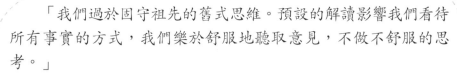

「我們過於固守祖先的舊式思維。預設的解讀影響我們看待所有事實的方式，我們樂於舒服地聽取意見，不做不舒服的思考。」

——美國第35任總統　約翰・甘迺迪（John F.Kennedy）

當我們看見一隻可愛的狗狗，忍不住會過去要抱抱牠、玩玩牠，然而沒想到牠竟然不理你，甚至不給你碰。

而為了抱到牠、玩到牠，我們只好用盡各種辦法討好牠，給牠狗餅乾、狗罐頭，狗玩具。一次見面不行，就兩次、三次。

終於皇天不負愛狗人，狗狗終於看到我們就搖尾巴，撲過來黏著我們不放。

可是一次、兩次、三次、五次之後，牠一見到我們就黏著不放了，開始讓我們覺得煩，因此我們當牠靠近時就趕走牠。

這行為使牠心靈受創，以為自己犯錯，縮在一旁不敢出來，我們又覺得牠很可憐，跑去和牠玩，於是牠又開心地黏著我們不放了，我們只好再趕走牠，靠近，趕走，躲起來，逗弄牠，又靠近，再趕走，這種迴圈會永不止息地持續下去，直到狗難過地消失不見了，或者是我們再也不會出現為止。

很多人不瞭解為什麼對方之前明明對我們這麼好，現在卻會變成這這樣，因為你正是扮演著狗狗的這一種角色，你正因太過黏人而被嫌棄。

　　愛情的緩急有時很難拿捏，誰愛得多、誰愛得少也瞬息萬變，這就是「擒與縱」之間的學問。有時候對方明明對我們很好，我們開始搖著尾巴跟過去，他又冷漠地將我們推開，當我們哀傷之際，他又過來撫平我們的脆弱，又讓我們甘心搖著尾巴看著他，這就是人像狗狗的被動狀態。

心理實驗

　　一般來說，愛情都會經歷三個階段：

　　（1）戀愛初期：雙方都很注重自己的形象，給予對方無微不至的關心，恩愛無限。

　　（2）戀愛中期：雙方自身的缺點已隨著時間的推移而暴露無遺，逐漸希望對方尊重自己的意願。

　　（3）戀愛後期：兩人的分歧越來越明顯，凡事都容易起紛爭，相互之間甚至覺得有了陌生感。

　　當初的戀人最後成為陌生人，原因就在於愛情無法得到持續的更新。愛情的更新需要人為的努力，新鮮總是與「陌生」連在一起，一個熟悉的人事物絕不能說是新鮮的。

　　如果戀愛中的情侶天天膩在一起，每天重複著一樣的生活，久而久之因為缺少神秘感和新鮮感，兩方都會感覺到乏味，為一些生活小事發生爭吵。同時，兩個人慢慢地由熟悉生厭倦，這樣的愛情就會變得脆弱。

　　一本名為《開放的婚姻》的書中有這樣一段話：「在婚姻生活裡，每個人都需要有一些空間，不只是物理的空間——像有一個小房間，可以把自己關在裡頭；還有心理的空間，心理的空間可以假想為一個人心理上的小房間。沒有這個空間，人不可能成長，如果沒有成長，即使感情最好的夫婦最後也會彼此厭倦。」

因此人和人之間都要保持一定的距離，愛情中，保持恰當的距離和適當的神秘感，能讓愛情更加持久。

原理分析

　　戀愛中的人往往都有一種非常迫切地想要知道對方所有事情的期望，這是一種正常現象。但是讓對方過早地看透你也會讓愛情失去神秘感，對方一旦瞭解你的全部事情，對你的興趣也會隨之急速冷卻，愛情一旦缺少了新鮮感和神秘感，就很難維持長久。

　　適當的神秘感可以增加好感，能使對方想要瞭解你，男女雙方有想要相互瞭解的欲望是愛情的基礎和表現，所以在愛情中保持一定的神秘感可以讓你更快地抓住對方的心，暗示對方你並不是那麼好「得到」的。

　　距離產生美感。但經常也有人問：「怎麼距離有了，卻沒當初感覺得那麼美了？」這個問題的關鍵就在於你沒有把握好其中的分寸，就像是捏陶瓷一樣，一個力道拿捏得不好，就會影響整個陶瓷的成型。

　　愛情往往是無形的，一開始我們無法去拿捏，有的時候拿捏不當，就會導致愛情的死亡。真正懂得愛的人，心裡往往藏著一個分寸，表現裡總藏著一種暗示，那種界線也是在互動當中逐漸掌握到的。適當的距離，就是所謂的朦朧感，在這種時候就能顯得再美不過了。

有時不一定非得掏心掏肺

　　戀人在約會時，特別是在袒露個人情感方面，切忌一五一十如數家珍地盡情傾訴。如果過於誠實，禁不住對方的好奇心，就將自己的事情鉅

細靡遺地告訴對方,這就犯了戀愛的大忌。過去的情史不能毫無顧忌地說出來,對方如果對你的過去瞭若指掌,不僅容易找你麻煩,而且愛情也會因為喪失神秘感而變得索然無味。

因為聰明的人永遠只說七成,留三成讓對方揣摩與遐想,留有餘韻讓對方捉摸不透也是在情場上無往不利的一個重要招數。

狐狸精的訣竅在於保持新鮮感

聰明的女人要像狐狸精一樣總是在「變」,如此才能長久抓住男人的心。具體來說,戀人在對方面前要學會變換不同的身分,要總是以不同的姿態出現在對方面前。

例如:有時候是他的妻子和情人,溫柔體貼,關懷備至;有時候當他的女兒,給他一個父親的疼惜;有時候當他的妹妹,要他保護,給他一個哥哥的趣味;有時候你也得當他的母親和姐姐,當他身心俱疲時,給他充滿慈愛地呵護;有時候你也得做個好情人,時不時地浪漫一回。這樣的變化不僅讓雙方之間的新鮮感能夠維持,也更能為生活添加浪漫,讓彼此的愛情更加持久。

讓人感到神秘的獨立自主女性

要保持神秘感就必須有自己獨立的性格、獨立的空間、獨立的自由。

當我們把性格,空間,自由都依附在戀人身上時,就不要指望會得到更多、更好的愛情,因為我們失去了神秘感不說,同時還失去了自我,愛情就沒有了原來的味道。

獨立的經濟是人格獨立的前提,特別是對女人來說,這是非常重要

的。同樣的，對於男人，獨立則有更大的必要性，因為男人的獨立性是女人安全感的來源。

保持神秘感而非刻意虛假

神秘感的目的是保持對方對自己的好奇心，並不是拉遠距離減少雙方的溝通。神秘感能激發戀人們的獵奇心理，但前提必須是本身有答案的，並不是沒有答案的迷茫猜疑。

其實神秘感是一種氣氛，也是一種技巧，是需要拿捏的。兩個人在愛情裡需要偶爾的驚喜，需要偶爾的賣關子和猜測，但必須要有明確的答案，坦誠的溝通，要將該表達的表達出來，如果一味地神秘沒有分寸就會讓對方失去期待感，這就顯得虛假了，在失去戀愛感覺的同時，還會引起對方的反感。

戀愛中的忽冷忽熱法

冷熱的分寸要分得非常清楚，「熱」的時候天天打電話、傳簡訊、傳Line，無時無刻不找機會見面，語氣溫柔，又是送禮、又是請吃飯、又是邀約，總是甜言蜜語；而「冷」的時候不是找不到人，就是找到了也在忙，語氣平淡，婉拒任何活動。

那麼冷熱的頻率是怎樣？那要依你的個人分量而定，如果互動的頻率高，也就是你的好感度還滿高的時候，就是「一冷一熱」，一個星期熱情、一個星期冷漠，如果對方承受冷的耐力小的話，分成三天、三天，不要挑戰對方的耐性。

如果互動普通，就「兩熱一冷」，一個星期熱情、三天冷漠，如果沒有效果，沒有讓對方變得更主動，那就表示你的位置排在很後面，那熱

情得要更久，冷漠只能一天。

　　「忽冷忽熱法」最適合用在情緒化或特別敏感的對象上，這樣的對象特別需要安全感，更怕改變，一味地對他們好可能會轉變成依賴或習慣，對感情的提升不大，利用「忽冷忽熱法」使對方情緒產生起伏，會使他們產生更想要抓住我們的心。

心機備忘錄

　　如果你想要讓你的話語聽起來更有說服力，就必須在重點上「加重音量」和「重複」，同時，注意不要從頭說到尾，應該適當地製造出「停頓」才是。

Chapter

7

釋懷痛苦篇

The Mental Tricks
That Will
Change Your Life

人類天生有一種做事有始有終的驅動力，我們之所以會忘記已完成的工作，是因為欲完成的動機已經得到滿足；如果工作尚未完成，那麼這個動機便會讓自己留下深刻印象。面對問題時雖然能全神貫注，然而一旦解決，就會很快忘記。

43 任務不完結，不解心頭恨

> 「一般都認為幸福存在於閒暇。不管怎麼說，我們為爭取閒暇而工作，為生活在和平環境而戰爭。」
>
> ——古希臘哲學家　亞里斯多德（Aristotle）

有一位熱愛睡眠的大作曲家的妻子為了使丈夫起床，便在鋼琴上彈出一組樂曲的前三個和絃。

半睡半醒的作曲家丈夫聽了之後，便變得輾轉難眠，終於不得不爬起來，彈完最後一個和絃。這種未結束的難受心理逼使他在鋼琴上完成他在腦中早已完成的樂曲。

當你的信寫了一半，筆突然沒水了，那麼你是隨手拿起另一支筆繼續寫下去，還是為了找一支顏色相同的筆，在尋找時，注意力又馬上轉到別的地方去，而丟下沒寫完的信？或者是，你是否被一本推理小說迷住，哪怕明天早上有一個重要會議要開，也要讀到凌晨時分也不釋卷？

之所以會出現這種現象，是因為人們天生有一種做事有始有終的驅動力。

試試看，現在請你畫一個圓，在最後留下一個小缺口，再請你看它一眼，你的心思會傾向於要把這個圓完成。

心理實驗

一九二七年，心理學家蔡戈尼做了一個實驗：

他將受試者分為A、B兩組，同時演算相同的數學題。

在過程中讓A組順利演算完畢，而讓B組演算的途中，蔡戈尼突然下令停止演算。接著讓兩組分別回憶演算的題目，而記憶的結果是B組明顯優於A組。

這種未完成的「不滿足感」深刻的殘留在B組人的記憶當中，難以遺忘；而那些已完成的A組人，他們的「完成欲」得到了滿足，便輕鬆地忘記了當初的題目為何。

而這種因問題沒有得到完全的解決或解答，導致深刻地留存在記憶中的心態，便稱為蔡戈尼效應（Zeigarnik effect）。

在忙完一大堆的公事或私事之後，的確會如釋重負。然而該做的事每天都會更新，每天都會有新任務，而你我每天都在極力完成這些任務。

對正常人來說，做事情的時候都需要一定的「蔡戈尼效應」，它是推動完成工作的重要驅動力。只是蔡戈尼效應產生的壓力在一定範圍內會變成動力，太多了則會讓人吃不消，甚至容易走極端。

原理分析

「蔡戈尼效應」是指，**人們天生有一種辦事有始有終的驅動力，而人們之所以會忘記已完成的工作，是因為欲完成的動機已經得到滿足；如果工作尚未完成，這同一動機便使他對此留下深刻印象。**

人們在面對問題時，儘管全神貫注，只要一旦解決了問題就會鬆懈不再在意，因此很快忘記。然而面對尚未解開或者解不開的問題，則會想盡一切辦法去解決它，因而會持續「潛藏」在大腦裡。

　　對多數人來說，「蔡戈尼效應」是推動我們完成工作的重要驅動力，但是有些人會走向極端，一種是過分強迫，面對任務非得一氣呵成，不完成便死抓著不放手，甚至偏執地將其他任何人事物置身事外；另一種則是驅動力過弱，做任何事都囉唆拖拉，經常半途而廢，總是不把一件事情全完成後再接著下一個目標，他們永遠無法徹底地完成一件事情。兩種心理都會導致情緒上的痛苦，因為需要調整他們的完成驅動力。

　　此外，一個人做事半途而廢，也許只是因為害怕失敗。舉例來說，他永遠不去把一件作品完成，就能避免受到批評；同樣地，永遠當學生而不想畢業的人，也許是因為這樣就可避免在大環境中失業。也可能是由於他在潛意識中就不相信自己會成功，於是害怕成功，因此也就下意識地逃避成功。

🔍 「蔡戈尼效應」過強與過弱的修正法

　　如果你經常是「蔡戈尼效應」過強的一端，那麼很有可能你是一個「工作狂」。如果把這種態度緩和一下，不僅能使你在周末離開辦公室，你還有時間去應付因工作狂所帶來的問題，例如自我懷疑，感覺自己能力不夠或過度緊張等等。

　　這樣的人通常性格也比較偏執、自主、堅定，忙於完成任務的緊張生活較容易充滿痛苦，過於狹窄與單一。你不妨試著緩和一下過強的「蔡尼戈效應」，週末和朋友見面聚餐，下班之後安排活動，學習享受人生樂趣。

　　如果你經常是「蔡戈尼效應」過弱的一端，那麼你一定時常做事半

途而廢。給予一個最簡單的建議，如果你精力集中的時間限度是十分鐘，那麼，你的腦筋一開始散漫時，就要立即停止工作，然後用三分鐘的時間去活動筋骨，例如去倒一杯水、上個廁所，或是做些簡單的體操。活動之後，再運用另一個十分鐘開始工作。

正因一個「蔡戈尼效應」較弱的人，至少能夠擴展自己的生活，並且可能生活得豐富；而一個非把每件事都做完不可的人，驅動力過強，可能導致生活失去規律、太過緊張與狹窄，對健康產生影響。

如何抑制負面的驅動力？

人們天生有一種做事有始有終的驅動力。猶如「一日任務不完結，一日不解心頭恨。」非做完不可的人為了避免半途而廢，很可能把自己封死在一份沒有前途的工作上的危險。

舉例來說，你突然愛上了某款電玩，每天回到家，第一件事情就是開啟電腦，儘管只是重複動作，卻搞得茶不思飯不想一般，如果中途有別的事情打斷，只要有機會，就會繼續接上。

興趣一旦變成狂熱，就可能是一個警告信號，表示過分強烈的完成驅動力正在漸漸主宰你的消遣活動。也就是說，對於某些事，不應該害怕半途而廢。只有減弱過強的驅動力，才可以使人一面做事一面享受人生樂趣，以下是抑制方式：

（1）客觀看待事物，運用自己的價值觀標準，如果發現一個工作計畫不值得花費過多的時間處理，那麼就勇敢地轉移或放棄。

（2）編制時間表，將必須做的事以及要花費的時間寫下來，將自己的處理期限訂在真正的最後期限之前，舉例來說，如果有筆費用必須在三月十五日之前繳費，那就預訂在三月十日之繳費。

（3）強化意志力，可以先從小事開始訓練，例如，吃零食的時候，嘗試暫時停止一下，想想自己是否在傷害身體，如果是的，要不要此時繼續吃下去？等等，讓自己思考更有益的做法。

🔍 「蔡戈尼效應」的強化記憶法

在一張白紙上畫一個沒有封閉的圓圈，交給孩子，告訴他這是個圓圈，孩子往往就會用筆將沒有封閉的圈給連上線。這種心理，不僅孩子會出現此種效應，大人當然也存在。

無論是看漫畫、看電影，總希望會看到一個圓滿的結局，這種都是好奇心和「蔡戈尼效應」的反映。

在教育中，我們便可以利用好奇心和「蔡戈尼效應」來強化記憶，例如透過先吊學生的胃口、先拋出疑點等方式來加深學生對重要內容的記憶。

而記憶力可以看成是一種力量，具有方向性，而當注意力與記憶力相結合、方向一致時，記憶效果最好，否則效果就會不同程度地開始減弱。

根據此一原理，我們可以透過各種「刻意尚未完結」的方式來吸引學生的注意力，從而提高記憶與學習效果。

44 任何事都在最美好的時刻結束

> 「純粹的、完全的哀愁和純粹的、完全的歡樂一樣都是不可能的。」
>
> ——俄國文學家 托爾斯泰（Leo Nikolayevich Tolstoy）

在生活中，例如我們去知名的餐廳用餐，假使過程發生了不愉快的經驗，例如從排隊到餐點上來要等上一個小時、餐廳沒有停車位，但是只要食物夠美味，或者是服務生的態度非常親切，我們便會很容易忘了排隊和停車位難找等這些事。

舉另一個例子來說，在特力屋的購買經驗或許不會很愉快，當我們只需要買一件家具時，也需要走完整個商場尋找，同時也多半需要自己在貨架上搬下物品。但是，多數的顧客的感受卻是好的，一位老顧客也許會說：「那裡有便宜可自由組裝的產品，展區也很大，也可以隨意試用。而且出口那邊有賣非常好吃的香草冰淇淋。」

在這些例子當中，餐點很美味，結束時是服務生的態度令人滿意，當然還有那香草冰淇淋。正因人們很容易對這滿意的事情印象深刻，就會將其他的不快經驗給忘掉了。因為人類並不是理性思考的，而且經常憑著感覺就做判斷。

心理實驗

二〇〇二年，曾獲得諾貝爾獎的美國心理學家丹尼爾・卡納曼（Daniel Kahneman）做了一個研究，實驗過程是：

兩組病人要接受痛苦的結腸鏡檢查。

A組病人依照正常的程序，B組病人也一樣，只不過是他們「沒被告知在檢查結束後，還被額外加上了幾分鐘的輕度不適」。

而哪一組更痛苦呢？B組承受了A組的全部痛苦，還有額外的一些痛苦。

但由於B組的結腸鏡檢查延長，這意味著結束時的痛苦要小於A組，這一組病人在回顧的時候就不那麼在意。在結腸鏡檢查中是如此，在生活中也是如此。

發現，人類對於體驗的記憶由兩個因素決定，其一是「高峰」，無論是正向的還是負向的感覺，其二是「結束」時的感覺，這就叫做「峰終定律」（Peak- End Rule）

此定律的特色在於，我們對一項事物的體驗之後，所能記住的就只是在峰與終時的體驗，而在過程中好與不好體驗的「比例」、好與不好體驗的「時間長短」，對記憶沒有什麼過大的影響。

當高峰之後，終點出現得越迅速的話，那麼這件事留給我們的印象就會越深刻。而這裡的「峰」與「終」，其實這就是所謂的「關鍵時刻」（Moment of Truth，MOT）。

有時，當你開始思考一個心理學問題，你會注意到世界的一種模式，並意識到其實還有很多被忽略了的未解之謎。有時你也會發現有某種思路貫穿其中。

原 理 分 析

想想，為什麼有些人喜歡最後吃甜點呢？而為什麼許多電影的高潮都在最後上演，而不是一開始？

當我們回首過去的一些事件，我們如何評估它是否快樂？更具體一點，想像你去年京都清水寺的旅行，你喜歡還是不喜歡它？程度如何？你會再去一次嗎？又或者你會再次去兩年前去過的泰國潑水節嗎？

你可能不確定你對這問題的答案是什麼。可以想像到的最簡單的過程，就是測量你整個過程中的平均幸福水準，但是相反地，我們會回憶旅行中的幾個或好或壞的關鍵時刻，歸納出由這些時刻所產生的平均幸福水準。

「峰」即是最大強度的時刻；「終」即是我們旅行時做的最後一件事情。我們也可能採用另一些突出的點，我們記憶中突出的片段，但我們就是靠這些突出的事件點，去評估整個活動。而測量結果的好壞，決定了我們是否會再次參加這個活動。

「峰終定律」（Peak-End Rule）指的是在「峰」（Peak）和「終」（End）時的體驗，主宰了人們對一段體驗的好或者壞的感受，而跟好壞感受的總和比重與體驗時間長短無關。

也就是說，**如果在一段體驗的高峰和結尾，你的體驗是愉悅的，那麼你對整個體驗的感受就是愉悅的，即使這次體驗中總的來看更多的是痛苦的感受**。因為在發號施令的是記憶的自我，而不是體驗的自我。

例如，卡納曼引述研究表明，一個大學生決定是否重複一次暑假，取決於前一個假期的峰終定律，而不是取決於那一個一個瞬間多麼有趣或者多麼悲慘。

記憶的自我對無聲的體驗的自我施加了一種「結論」，卡納曼也曾

寫道，「我，是我記憶的自我，而那個過著我的生活的體驗的自我，對我而言就像一個陌生人。」

🔍 參加派對時，在高潮過後離開

參加派對時，我們最好在高潮過後馬上離開。悄悄地，不要在告別上花費太多時間，你會發現，你度過了一個非常愉快的夜晚，這份快樂會讓你久久難忘。

但是，如果你是主人，當然不能離開，那麼，你必須隨時準備著在午夜過後再來個高潮，然後順利地將客人送走。如此，所有的人都會稱讚你舉辦了一個成功的派對。

🔍 教育中的「終」往往重視得不夠

以經濟學的概念，重新定義在課堂教學中「峰」和「終」的概念。

「峰」當然是在課堂中的有價值的知識重點、有意義教學的目標，以及豐富有趣的講授知識的過程。「終」應該是課堂結束時的小結，或者說這個結尾給學生留下的感覺。

一般來說老師對「峰」的把握比較好，相對比較重視。老師對於「峰」的把握比較好是因為老師備課時，比較關注教學目標、知識重點的制定，另外也會有意識的注意課堂情境和流程的組織。

而對於「終」，老師往往重視得不夠。聽課的時候有時遇到前面的課堂內容極其精彩流暢，已經給學生留下了愉悅的學習體驗，但是在課堂結尾時卻結束的有點匆匆忙忙，甚至作業還要在課後班長到辦公室去拿，

感覺有點虎頭蛇尾的感覺，這就不利於此效應的運用了。

舉例來說，總結時要短小精悍，畫龍點睛。在一個短暫時間內，用盡量少的語言概括出講解的主要內容。如此，學生就可以抓住重點、掌握要點。對所聽課堂知識留下完整而深刻的印象，這是一種常見的課堂結尾模式。

或者是適度拓展學生的閱讀範圍，因閱讀僅侷限於課本是不夠的，一個好的課堂結尾還應有意識地引導學生進行知識的遷移，擴大知識面。

此外，激發學生興趣的方式有很多，例如突然高音調進行合理的抒情，又如給學生講一個相關而又生動的故事等等。

當然，課堂的結尾還有很多的方法，如比較、圖表、做小練習等方式，它們各有所長，也各有所短，具體運用還要結合實際情況。

「峰終定律」雖然是一個經濟學的定律，但是從教育的角度看仍然有其參考借鑑的價值。關注學生的學習體驗，對的教學大有幫助。

實現客戶「峰終時刻」的核心需求

「峰終定律」說人是感性的，為經濟學打開了另一扇假設之窗。

定律的發現者心理學家卡恩曼獲得了諾貝爾經濟學獎，「峰終定律」也為企業管理者打開了一扇新窗戶，那就是——重點管理他們的「峰終體驗」。

例如，可以重新整理客戶在十家店面的體驗心得，尋找問題突破點；接著，研究對客戶感知影響較大的關鍵時刻和「峰終」體驗；之後，研究客戶在「峰終體驗」及其他關鍵時刻的服務要求和期望，提升服務關注度和資源配置；接著，探索服務標準與客戶需求距離，為服務規範的完善提供參考建議；最後，根據滿足客戶「峰終體驗」及其他關鍵時刻服務

需求，提出資源配置和後台支撐建議。

透過理論研究和成功企業借鑒，以客戶體驗時刻及需求為起點，能實現客戶「峰終時刻」的核心需求，便能贏得更多忠誠的客戶。

心機備忘錄

在許多事情上，如果我們可以將原本的組合拆開成為「主要部分」和「額外的贈送部分」，那麼效果就會遠比一開始就端出全部的牛肉來得誘人，此方法已被廣泛地運用在商品銷售上，這種技巧還被戲稱為「那不是全部」技巧。

45 如何幫助自己將壓力轉化為動力？

「每一個失敗、障礙及困境，都是一個潛在的機會，成功在很多時候是失敗的裡外翻轉。我們今天最大的污染源是負面思維，剔除負面態度並相信你可以做任何事，把『如果我可以、我希望、或許』替換為『我可以、我將要、我必須』。」

——玫琳凱化妝品創辦人 玫琳凱‧艾施（Mary Kay Ash）

讓我們一起看看知名作家史鐵生的故事：

史鐵生在二十一歲時患上重疾，並因此雙腿癱瘓。起初，因為雙腿的殘疾，史鐵生曾經怨過、恨過，脾氣也越來越暴躁，甚至對人生失去了信心，一度想以自殺擺脫內心的痛苦。

然而在挫折的磨練當中，他逐漸找到了自己的信仰，就像他在作品《病隙碎筆》中講述的：「有一天，我認識了神，在科學的迷茫之處，在命運的混沌之點，人唯有氣靈於自己的精神，不管我們信仰什麼，都是我們自己的精神的描述與引導。」在這種精神的指引之下，他將寫作當做自己畢生的目標，逐漸走出了內心的陰霾，先後並發表了多篇散文、小說以及隨筆等，獲得了很多讀者的喜愛，成為了一位著名的作家。

這是我們一直強調的轉化道理，一個人如果用消極的態度看待世界，就容易無端生出壓力；反之積極面對，那麼即便是遇到常人看來壓力大的事情也不會過度擔憂，反而能成為自己的一股強大助力。

 心理實驗

一八八八年，美國第二十三屆總統選舉日，總統候選人班傑明·哈里森（Benjamin Harrison）很平靜地在等候最終的結果，他的主要票倉在印第安那州。

當印第安那州的競選結果宣布時，已經是晚上十一點鐘了，一位朋友打電話給他祝賀，但卻被告知哈里森在此之前早已上床睡覺了。

第二天上午，那位朋友急忙忙地問他為什麼這麼早睡。哈里森便解釋道：「熬夜並不能改變結果。如果我當選，我知道我面前的路會很難走。所以不管怎麼說，好好休息不失為是明智的選擇。」

休息是明智的選擇，因為此時的結果會帶來壓力。而一般人的緊張狀態總是經常存在，他們的思緒總是被那些未能完成的工作所困擾，導致心理上的壓力難以消失。

在遭遇壓力時，讓人們舉足不前的往往不是壓力本身，而是因壓力而產生的「焦慮情緒」。憂慮由壓力引起，而憂慮又使壓力無端擴大，如此的惡性循環最終將導致失敗。相反地，若能以積極態度來轉化惡性循環，則能產生出良性循環。

原理分析

一九七三年，舉世聞名的拳王阿里（Muhammad Ali）在一次的拳擊賽中輸給了當時名不見經傳的拳擊手肯·諾頓（Ken Norton），輿論界一時之間譁然沸騰，人們對阿里的挖苦與諷刺如海嘯般鋪天蓋地的襲來。

同時一些人也開始擔心這位世界拳王會因此一蹶不振，輝煌不再。

但是阿里卻並不以此為擔憂，反而冷靜地分析了比賽時出拳的細節，找到了輸的原因。並且將這次意外的打擊看成前進的動力，更加堅持

不懈、刻苦的練習。最終在參加洛杉磯舉辦的一次拳擊比賽時，再度將肯‧諾頓打敗，重新奪回了拳王的頭銜。

「化壓力為動力」，這是很多人都知道的事情，但是對人們來說，真的實現起來卻很難。壓力總會讓人們產生恐懼，而多半是我們先自行製造了很多不必要的壓力，導致自己退卻而失敗。

先有「自我感覺良好」才有能力改變，也因此在對自己喊話時，就要時常暗示自己：「改變自己的力量就在心中！」以此來敦促自己不要在困難面前放棄，不要總是冀望著他人，要能認知到自己拯救自己才是邁出成功的第一步。

從今天起，就運用自我暗示將壓力轉為動力，只要能找到適當的方法，再大的壓力也不可怕。相反地，壓力越大越能給予我們前進的動力。

壓力多大，動力就會有多大，將打擊看成機會，在壓力中找到動力，那麼你就能藉由心理暗示打敗壓力，再也無所畏懼。

How to use?

你的態度就是一種發自內心的磁鐵

人的態度就像磁鐵，不論我們的思想是正面的還是負面的，我們都會受到它的牽引。而態度就像指標，讓我們朝著特定的方向前進。雖然我們無法改變人生，但我們可以改變人生觀；我們無法改變環境，但是卻可以改變心境，換一種心境看問題，世界就會大不同。

丟棄無謂的憂慮自我驚嚇

想想你是否有過這種經驗：因為求職時強手如林，擔心自己會被淘

汰，結果還沒努力就先放棄了；因為工作繁重，覺得壓力太大，心情沮喪，焦躁不安，結果本該一天完成的工作，一周還沒有完成；因為男女朋友工作忙，許久沒有跟自己聯絡，就思前想後，擔心對方離開自己，結果無事生非，反倒成了破壞雙方關係的罪魁禍首。

可見，是憂慮讓人們失去了動力。如果我們能拋下這種負擔，先付諸行動，全力以赴地解決問題，不把壓力當壓力，不為此浪費精力。反而會發現那些壓力並不會對我們造成過大的影響，相反地，越是投入其中，越是不在乎壓力，就越能打敗它。

壓力就像彈簧，你弱它就強，你若反攻它，不把它當回事，全力以赴、放手一搏，反倒你就能佔據上風，這就是壓力的動力力量。

🔍 內心力量蘊藏著奇蹟

挫折是一把雙刃劍，於弱者來說是利刃，但對於真正的強者來說卻是一把能保護自己的好劍。在挫折中我們落寞、痛苦，我們的生命潛能也在與挫折的對抗當中漸漸被激發，當你能真正地戰勝挫折，你也就能為自己的人生創造價值。

面對現實的壓力，才能成就出自己的人生，美國哲學家愛默生說：「每一種不利的突變，都是帶著同樣有利的種子」。在挫折的不利因素中，都蘊藏著成功和無限的奇蹟，而這些都是出自於你的內心力量。

🔍 學習調適以改變現狀

那些在生活與事業上成功的人，他們都很善於「發現自己」，並通常都滿足那些「自我感覺良好」的條件。

當他們面對困難時，會選擇最適合自己的人生道路，也會堅持做自

己擅長的事。其實在現實中，多數人都不曉得自己的優勢是什麼，而且總是希望會有別人來幫助自己，如果無法獲得別人的幫助，就會理所當然地自甘墮落。

其實在這個世界上，真正能幫助你成功的上帝就只有你自己。當你的心願無法達成時，就要學會自我調適，以此來改變自己的現狀。

在對自己進行自我調節的時候，要時常對自己說「改變自己的力量就在我的心中。」暗示內心「我就是自己的上帝」，來使自己更有信心去面對更大的困難和挑戰。

心機備忘錄

心理發現人們經常受到多數人的影響，希望能與認同的群體有一致的行為。因此，如果你的想法經常會是多數人都採用的那種，就放心說出：「我懂你的意思，但是現在很多人都是這麼做的」。

46 釋懷痛苦，從情緒控制開始

> 「你失掉的東西越多，你就越富有：因為心靈會創造你所缺少的東西。」
>
> ——法國諾貝爾文學獎得主　羅曼·羅蘭（Romain Rolland）

俄國浪漫主義的文學代表普希金（Aleksandr Pushkin），他曾瘋狂地愛上被稱為「莫斯科第一美女」的娜坦莉亞，娜坦莉亞的美貌驚人，但與普希金在興趣上卻不契合。每次普希金要將寫好的詩唸給她聽的時候，她總會摀著耳朵説：「我不要聽！」她喜歡普希金陪她玩樂，出席那些豪華的宴會與舞會，為此普希金曾丟下創作，害得自己債臺高築。

後來他結婚了，新娘仍是娜坦莉亞。然而在婚禮當晚，沒想到普希金手中的蠟燭卻忽然熄滅，彷彿預告了他不幸的未來。

婚後，他與娜坦莉亞遷居聖彼得堡，娜坦莉亞是當時聖彼得堡中最漂亮的女人，甚至被譽為「聖彼得堡的天鵝」。她的家世很富有，使得普希金能進入沙皇的宮廷，過著上流社會的生活。沙皇允許普希金研究文獻，以方便寫作歷史傳記，但普希金仍然非常痛苦，他在這段時間的作品裡，不少都顯露出了他內心沉重的壓力。

後來，有一名流亡法國的人名為丹特斯，他愛上了普希金的妻子娜坦莉亞，兩個人經常相約共舞，後來普希金收到了一封侮辱他的匿名信，信裡面還嘲笑他是隻烏龜。

　　普希金當然忍無可忍，為了名譽，他決定與丹特斯進行決鬥，但萬萬沒想到卻因此讓腹部受了重傷，才短短兩天便與世長辭，當時的報紙上甚至刊載了如此的弔唁文——「俄羅斯詩歌的太陽殞落了」。

心理實驗

　　心理學家認為，情緒是人們對於事物的一種最淺顯、最為直觀、最不用思考的自然情感反應。它通常從維護情感主體的自尊與利益出發，不對事物做出更深一層的考慮。這種習慣，經常會使我們處於不利的態勢，甚至被他人利用，這正也是許多人的常見問題。

　　情感與理智的距離很遠，因此人們通常容易以情害事，為情役使，情令智昏。然而情緒正是我們的情感最表面、最容易變動的部分，如果一個人的言行舉止完全順著情緒行動，你又怎能要求他是理智的？

　　俄國詩人萊蒙托夫（Lermontov，MikhailIurievich）和前述所提的普希金，都是在與人決鬥時死亡的，這說起來都是因為一時的情緒反應過度，才導致喪失自我控制能力的惡果。反面來說，也有人會因為他人的一點小恩小惠，就心腸頓軟，結果犯下許多原本不會犯的錯誤。

　　就像是某些不良少年集團，只要有人看他們一眼，或說一句與其無關緊要的話，他們就會因自身的自卑心態作祟而與人挑釁、打鬥起來，拼了命也要傷害對方。甚至，有時他人並沒有做出觀看或指責的舉動，也會無辜牽連受害。

　　因為無法控制情緒而犯下大錯的例子，要多少就有多少，這樣愚蠢的錯誤，小則誤己、誤事、誤他人；大則失家、失國、失天下，這可萬萬不可，必須改進。

　　改善憤怒情緒，喜怒哀樂本是人之常情，憤怒是一種激烈的情緒表

現，不是說要避免生氣這件事發生，而是如果情緒經常失控，就不會是件好事。這不僅會影響正常的人際關係，長期下來，對你的身體健康也會產生不利影響。

那麼，要如何才能控制住此時此刻即將抓狂的憤怒情緒呢？其實，這是可以練習的，而且沒有你想像中的困難。最關鍵的就是學會可以使你得到有效控制的方法，當你快要發火，在千鈞一髮之際，試著運用下列這些方法來解除警報。

原理分析

我們說一個人的「成功」可以是多種面向的，例如情緒上的愉悅、身體上的健康、經濟上的無虞、良好的人際關係等等。

無論是誰，無論他想得到多少財富、想達到多頂端的社會地位、想擁有多高的知名度，如果他本人不具備某種強度的情緒力，那麼他必然無法獲得這些，即便是他因某些原因獲得了，也很難延續下去。因為情緒力是否足夠強韌，只會在一個人坎坷的時候表現出來。

不只是成就大業的偉人，現代企業家也幾乎都是情緒高手。他們往往能在看準目標之後，「一意孤行」地向前走，似乎無論誰來都擋不了他們。

俗話說：「將軍額頭能跑馬，宰相肚子能撐船。」意思是像將軍、宰相這樣做大事的人特別能有接納他人的胸懷，也才有更多機會能夠成功，這就是人們常說的度量。

而氣度的大小也是一個人的事業限度，如果心中總是容不下異己、聽不進他人意見、不願與敵人共享雙贏、拒絕從敵人身上學習，那麼這樣的人很難成功，因為他永遠都不會成長、不願成長。

　　心胸狹窄的人眼裡容不下一粒沙，不允許別人有一絲一毫的錯誤，得失心重、不能受批評，這樣的人只能活在自己的世界裡，更不用說要如何加強情緒力了。

憤怒的當下就在內心開始數數

　　人在憤怒的時候，神經通常也高度緊繃，因此稍一刺激怒火就會爆發。在這種時候從一數到十可以發揮轉移注意力的效果，逐漸平復你的緊張情緒，使你慢慢平靜下來。

　　雖然聽來不容易，但你仍然可以試著這麼做，而且要記得慢慢地數，同時觀察自己的情緒在這段時間之內是如何變化的。你會發現，似乎自己已經沒有十秒前那麼生氣了。

立刻遠離讓你發火的現場

　　火氣上來時，一個眼神、一句話都可能成為導火線。所以，三十六計走為上策。先離開現場，冷靜之後，再仔細想一下，也許你就會發現這件事其實也沒什麼大不了。

　　你可以去洗手間，也可以去樓梯間，若狀況允許的話，甚至可以去外面買杯咖啡透透氣，沉默一分鐘的時間也許微不足道，但是若能在發生衝突之前暫停一分鐘，那將成為非常寶貴的冷靜時間。

親朋好友是你最好的垃圾桶

　　如果你心中經常充滿著憤怒，怎麼做也無法抒發完全，那麼你不妨

找最好的朋友談談天，讓你的不滿像滔滔江水一樣發洩出來。

面對困難，如果你覺得孤立無援，那麼你應該尋求朋友和親人的安慰。因為研究表明與朋友一次電話交談的效果，將遠勝過服用一顆鎮靜劑的效果。

當然，這種方法並不是要你太頻繁地對朋友吐苦水，強迫別人不斷承受你的負面情緒，如此就偏離了這樣做的初衷，情緒也無法得到有效控制。你要能學會、養成在發洩過後，一切重新開始的情緒模式。

負面情緒可以藉由運動宣洩

當你覺得很氣憤，情緒即將失控的時候，此時不妨做些運動，將壞心情化為汗水蒸發。你可以選擇跑步，選擇游泳，因為運動既可以鍛鍊身體，又可以發洩負面情緒，更可以增強你的意志力。

最重要的是，運動是治療負面情緒的無藥良方，如果你能養成定期運動的習慣，就能更有效調適情緒的起伏。對上班族來說，即使工作繁忙，也可以在平日裡多運動，例如：能騎腳踏車就不開車，能爬樓梯就不坐電梯等等，端看你願不願意而已。

各種處理情緒的方法

每當你開始出現負面情緒的時候，你可以將自己的不滿或痛苦記錄在日記、網誌裡，甚至是在facebook上Po文，相信與你有過同樣經驗的人會願意聽你說的，只要你能找到地方讓自己傾訴，那麼什麼方法都無所謂。

此外，你可以選擇獨處，或是跑到沒有人的空曠地方讓自己冷靜一下，或者可以買東西犒賞自己，如果你不心疼錢包的話，購物也是一種有

效方法。

如果你比較喜歡靜靜地抒發自己的情緒，也可以在家裡看幾部DVD。它可以是喜劇片、恐怖片、愛情片，只要能讓你轉移注意力，就是一種好方法。

當然，此時較推薦的會是勵志類的電影。當你看了許多人生不如意的人如何活出自己的新生命時，你就能聯想到自己當初所在意的事情，此時竟顯得那麼微不足道。或許，你就能意識到自己的態度該是做改變的時候了。

遇到挫折，自我責備會導致更加墮落

一般來說，我們都有過這種經驗：「不小心破戒」→「自責後悔」→「放棄算了」→「徹底破戒」，這就是一旦失足就會墜入萬惡淵藪的心理陷阱。

換言之，無論是情緒上或處事上遇到挫折，內心對自己的責備其實會導致你更加墮落，而「自我諒解」就是破除這種心理的罩門！換言之，犯錯後，學會寬恕自己，學會從失敗的地方深層檢討反省，重新站起來才能強化我們的情緒弱點！

47 養成堅強抗挫力的自我暗示

> 「無論什麼見解、計畫、目的，只要以強烈的信念和期待進行多次、反覆的思考，那麼它一定會在潛意識中成為積極行動的源泉。」
>
> ——美國心理學家　威廉·詹姆士（William James）

很多人都有過這種感覺，如果你自己沒有一個足夠健康的心態，卻要你去探望一個罹患癌症的病人，那麼你往往無法產生讓對方能夠鼓起勇氣來的力量。相反地，你會受到他的影響，你的心情變得很差，原本藍色的天空似乎也變黑白了一般，這是因為你被他的痛苦「感染」所致。

又或者是，當有連續十個人都這麼告訴你：「你的臉色看起來很差，可能生病了，快去醫院檢查一下。」那麼結果會是什麼呢？你也許就會真的跑去醫院做健康檢查了。由此可證，言語不僅對他人有著暗示作用，更有著自我暗示的效果存在。

 **心理實驗**

想想為什麼戀愛中的人常常不顧一切，甚至為了愛奔走四方，即使很多人勸阻也誓言不回頭呢？這就是因為他過於投入、過於沉醉於戀愛之中。可見投入的關鍵是你是否能將自己置身於環境當中，以達到「忘我」的地步。

很多人都無法做到完全地投入自我暗示，這是因為他們的內心被外界的嘈雜所干擾，焦躁不安。即便是在進行積極的自我暗示，心裡面還是會不時地想起工作、生活上的煩心事，這樣怎麼會有好的效果呢？

在自我暗示時完全投入，將一切雜念統統拋開，用美好、積極的想像為自己營造一個全新的世界，努力感受它的存在，並盡可能地放大自己的感受，讓自己沉浸在其中。如此你才能真正從中獲得力量，讓積極和美好的感受滲透到你的全身，給予你自己改變現實的動力。

原理分析

人際關係中的每一個人其實都經常使用著心理暗示，無論是暗示別人，或是接受別人的暗示，或者是進行自我暗示，只是自己沒有自覺罷了。

積極的心態，例如熱情、鼓勵、贊許，或者對他人有力的支持等等，能使他人得到積極暗示，得到溫暖，得到戰勝困難的力量；反之，消極的心態，冷淡、洩氣、退縮、萎靡不振等等，都會使人受到影響，使人承受的不僅僅只是暗示帶來的壓力與痛苦，還會影響到人們的身體健康。

因此，在日常生活中一定要認真看待各種暗示，例如語言、行為、情境、表情的訊號等等。當我們感受到來自他人的暗示時，甚至已因此導致自己身心發生變化之時，就要注意並分析暗示的來源以及對自己產生的作用，盡量做到接納積極暗示，摒棄消極暗示的程度。

練習讓自己停止「負面自我暗示」。

自我暗示就是人們的一種潛意識反映，誰都不可能逃避這種潛意識對自己產生的影響。

自我暗示的運用範圍非常廣，而且的確具有改變我們原先狀態的力

量，能使我們獲得全新的感受。但是許多人運用自我暗示的效果卻不明顯，這並不奇怪，之所以會產生這樣的結果是因為他們疏忽了自我暗示需要滿足的一個非常重要的條件，那就是——「連續暗示」和「完全投入」。

心理的調節並不是一蹴可幾，它需要經過一段連續且極度渴望改變的暗示過程，才能將原有的心理反應轉入到一個期望的軌道當中，讓我們樂於接受、肯定那些所想像的事實，使心理暗示發揮有效作用。

要讓自我暗示發揮更有效的作用，成為我們的得力助手，就需要有「約束力」。俗話說：「凡事起頭難。」任何事都是一個由小到大、由少積多的過程。只要我們持之以恆，堅持下去，暗示就能成為我們調節情緒的得力助手。

而使自我暗示效果顯著的另一個重要因素就是「完全投入」。投入並不難，學生全神貫注地聽課、考試，這是一種投入，歌手深情地唱歌，也是一種投入。

投入是一種狀態，它可以啟發我們的潛能，使我們做得更好。成功的人往往不是有什麼不同凡響之處，而在於他們能夠毫無保留地投入自己，因此他們總能挖掘出自己更強的潛能和力量。

How to use?

🔍 自我暗示語都使用「現在」當開頭

自我暗示具有暫態性，如果我們不能讓暗示的內容對當下的我們產生影響和引導，就失去了作用。例如我們告訴自己：「將來我要成為一個很有自信的人，我將會成功」，那麼它並不能給予當下的我們力量，這微

小的力量幾乎無法讓我們感受到，而且很快就會忘掉。

但是如果我們對自己說：「我現在充滿了自信，我現在就想成功。」那麼這種暗示的力量便會集中於當下的我們，產生強而有力的震撼，使我們迅速得到力量，並產生行動上的轉變。

🔍 短句子比長句子更有效

使用簡短、有力且內容清晰的句子自我暗示，往往更能在我們身上發揮作用。這是因為人腦在接受這些訊號時，需要一個反應過程，如果說一番哲理性強又冗長的句子，會增加我們大腦和身體的反應時間，而句子越簡單直接，我們接受得越快，對其印象就越深，也就會更快地付諸行動，迅速達到效果。

🔍 挑選出特別有效的前十名暗示句

人各有所好，一個相同的句子，不同的人可能會有不同的反應。一個句子對一個人有效，對另一個人也許就完全沒有效。只有那些能夠給我們自身感覺帶來行動力的句子，才值得運用。

例如，一個較有自信的人反覆暗示自己要更有自信，這並不能對他形成多大的鼓勵；反之，一個非常自卑的人如果這樣說，則很容易熱血起來。根據選擇自身情況選擇出最能鼓勵自己、使自己感覺最舒服的句子，最能達到良好的效果。

自我暗示在於為我們提供改變現狀的力量，但這並不意味著要我們否定現實、不接受現狀、抵觸或努力改變自己的感受或情緒，此一重點讀者們也務必記住。

48 列出想做的事，就能遺忘痛苦

> 「愉快有益於人的身體，但只有悲傷才能培養心靈力量。」
> ——**法國作家 馬塞爾・普魯斯特**（Marcel Proust）

可能你已經厭倦了自己整天掛網與朋友聊天、玩手機裡沒完沒了的APP遊戲、沒特別想看的節目卻關不了電視、肚子一餓就算半夜也會起床吃零食等毫無改變、無所作為的日子。也許你已經想從沉溺於瑣碎與無關緊要的事情之中逃脫，想從找各種藉口延宕該做的事的自己成長，因為，你有更多想做的事情和夢想都還沒達成。

來看看這篇曾在網路上廣為流傳的小學生作文：

我的夢想　愛知縣西春井郡豐山國小　六年二班　鈴木一朗

我的夢想，就是成為一個一流的職業棒球選手。因為這樣，我一定要參加國中、高中和全國大會的比賽。為了能活躍於球場，練習是必要的。我三歲的時候就開始練習了。雖然從三歲到七歲練習的時間加起來只有半年，但從三年級到現在，三百六十五天裡，有三百六十天都拼命的練球。所以，每個禮拜和朋友玩的時間，只有五到六個小時。我想這樣努力的練習，一定可以成為職棒球員。

我打算國中、高中時闖出一番成績，高中畢業後就加入職棒球隊。我想加入的球隊是中日龍和西武獅。以選秀制度加入球隊，目標契約金一億日元

以上。我有自信，不管是投球或是打擊。

去年夏天，我參加了全國大會。看了所有的投手之後，我確信自己是大會的NO.1，而打擊方面，我在縣大會的四場比賽中，打出三支全壘打。整個賽程累計打擊率0.583。連我自己都很滿意這個成績。

然而，我知道棒球不只是光靠一年的成績就可以論輸贏的。所以，我會持續地努力下去。如果我成為了一流的球員，能出場比賽的話，我要送招待卷給那些曾經照顧我的人，讓他們幫我加油。總之，我最大的夢想，就是成為職棒選手。

※老師評語：擁有一個遠大的夢想，志氣很高真的很棒呢。只要能以「我的練習不輸給任何人」自豪的話，鈴木君的夢想一定會實現的。加油喔！

此篇作文出自日本的大聯盟選手鈴木一朗（Ichiro Suzuki）。鈴木一朗的作文明確地說出了他的夢想、為了實現夢想所需要的努力、短期的目標、長期的目標、他設定達成的時間、他想像達成之後的場景等等，如此詳盡的計畫與內心的熱忱，再加上願意盡自己最大的努力去練習，比起一般只說：「我將來想當職棒選手」的孩子，實現的可能性當然大上許多。

也就是說，好方法可以讓你更容易改變習慣，而且不會太痛苦。實行前先確認你的「目標是什麼？」、「行動是什麼？」、「結果是什麼？」，就可以強化你的執行力，讓新習慣就此延續下去。若內心有煩心的事的話，也會因自己的全神貫注而忘懷。當你能夠駕馭無數的小習慣時，也就能駕馭整個人生了。

心理實驗

關於個人能力，你是哪種心態？

一本名為《心態致勝》（Mindset： The New Psychology of Success）的書中描寫到，若你對於個人能力的看法有所不同，這將會大大影響你的未來。如下所述有兩種類型：

天注定：「固定思維模式」（fixed mind-set）

擁有這種心態的人認為每個人的能力都是天注定的，人可能天生聰明，也可能天生愚笨，而人們所表現出的各種行為都是自我能力的體現，例如考試考不好、廚藝不佳、方向感不好等等，就證明了自己不夠聰明。然而這樣的思考模式對我們來說並非是種好現象，日子久了之後，一旦我們在某方面持續表現不好，就很容易造成自己對自己的不信任，認為我就是對這個領域不在行，漸漸地便會限制住我們的發展，成為人生中的一顆絆腳石。

後天努力：「成長思維模式」（growth mind-set）

反面來說，成長型的心態則是相信每個人的能力都可以靠後天加強，此種模式認為大腦就像肌肉一樣是可以被訓練的。而擁有這種思考模式的人能接受挑戰，因為他們知道經過訓練之後自己將變得更優秀，因而去挑戰自己不懂的事物。此外，他們較能接受批評，能將外界的批評視為一種需要改進的提點，並能謙虛地改善。

對於幫助我們執行想做的事的方面來說，成長型思維模式能成為讀者們的天助，讓我們在訓練的路上從犯錯當中學習，更願意持續去挑戰新事物。

事實上，真正的改變來自於接納和引導，而並非排斥和壓制。生命中包含了許多你我很難去改變的個人缺點，只要存在，它就有著存在的意義，這是為了讓人成長的一種人生課題。例如，憤怒是為了提醒我們要爭取合理的權益；恐懼與疼痛是為了讓我們免於受傷害……當我們瞭解各種

存在其實都是一種挑戰的時候，也就能帶著更豁達的心態去面對自己的缺點，循序漸進的改進了。

原 理 分 析

人生是一場長跑馬拉松，不是一百公尺的短跑。所謂人生是一場考驗心智的耐力賽，通常人們會在一開始就衝勁十足地訂立許多新目標，然而時間一旦久了，如果沒什麼進展，那麼這場比賽就會讓人感到沒完沒了，而我們的目標也將隨著當初的信誓旦旦到煙消雲散，而遺忘痛苦也是一樣。

許多人認為，要忘記一個多年的傷痛，需要靠的是足夠的毅力。

如果怎樣都改變不了，就代表這個人的決心不足、意志不堅定。這種刻板印象很難去改變，也使得很多人放棄改變。然而，這其實是需要分散注意力來幫助的。

而另一個常見的改變失敗的原因是：人們總是自恃甚高、太貪心，經常訂立下太大或太多的目標，例如覺得自己的缺點很多、想做的事情很多，這些都想一次改變！但是，事情哪有這麼簡單呢？要不賴床、不遲到、每天念半小時的英文、每天都要吃青菜水果、十二點前睡覺等等……

目標太多的人注定會失敗，因為他們根本沒有足夠的動力可以同時「挑戰」這麼多關卡。

有專家這麼說，若只靠毅力去遺忘痛苦，就會像是希臘神話裡薛西佛斯（Sisyphus）受到眾神懲罰一樣的結果：他必須將一塊大石頭從山腳推向山頂，但每當他接近山頂時，大石頭就會因重而又滾回山腳下。薛西佛斯周而復始地做這樣了無意義的工作，一輩子終究徒勞無功。

但其實想要遺忘痛苦並不難，端看你用的方法是否正確，而此篇的

重點是：找到你一直想做的事，數目不須多，但需要你量化它，再設立細節的目標，加強想達成的欲望——因為夢想越具體，就越容易實現。

多學習改善的技巧，進而逐步修正它。能發現你的改變替自己帶來了多美好的生活，這將是你閱讀此書的最大改變。

🔍 讓目標可視化，不天馬行空

不給自己設立模糊的目標、說空泛的話，例如並非「我想要多運動」或者「我最近想唸一點英文」，而是應該具體地表示「我每天早上要跑五圈操場」或者「我一個禮拜要有三天晚上都念一個小時的英文，時間是星期一、三、五。」如此具體的目標不但明確，而且更容易讓自己實行。

如果沒有太明確的目標時，就不要隨便下決定，要學會去思考、判斷這個目標是否是自己真的想達成的，並且你會願意犧牲部分時間或體力去達成。

確立目標之後，便要積極投身於目標的實踐當中，從一個個小目標的達成裡養成堅持到底的習慣。建議制訂自己喜歡、且必須能實現的小目標，然後利用自己的各種能力、資源一一完成。

🔍 估算恰當時間，提升效率

設立目標之後，如上述將過程細分，同時記得估算每個小目標完成所需的時間。

論理學家道格拉斯・霍夫司特（Douglas Hofstadter）曾說：「工作

總是比想像中的要花時間」，很多人應該也是這麼想的吧？當我們實際上去執行的時候，結果總是會比原先想像中花的時間更久，特別似乎更容易遇到各種「阻礙」讓你無法如期完成。

為了避免這種情況發生，我們需要先細分大目標的內容，再合理的分配時間給各個小目標，甚至設定每一項細節的完成時間，要求自己在時間結束前全力衝刺，如此便能有集中注意力與施予壓力的效果。

養成習慣的正面循環

據專家研究，習慣就像是建立一個以「提示」、「習慣」與「獎賞」構成的循環，「提示」告訴大腦該運用哪個「習慣」，在行為之後，自己會產生「獎賞」（也就是成就感），讓大腦記住這樣快樂、正面的循環。

能夠不半途而廢的人，多半是因為自己先設定了清楚的提示，並訂下給自己的獎賞為何。例如寫畢業論文，在畢業前能穩定的增加字數是畢業生要培養的自控行為，關上聊天視窗及手機是提示大腦要專心了，而獎賞則是每天到達畢業論文的目標字數時的成就感。

除此之外，還要強化習慣的誘因——引發渴望。讓大腦在你行動之前就期待獎賞、期待成就感，想像完成之後的感覺、想像看到畢業論文裝訂成書的成就感，你的衝勁就會源源不絕。當你越能想像達成目標後的愉快感，就越能加強你的動力。

正向思考讓能力更強大

看到瓶子裡裝了一半的水，你會覺得「只剩」一半，或者是「還有」一半呢？

我們說正向思考是最有效的「方向盤」。當你開始以一種正向、積極、樂觀的態度來看待眼前的「挫折」、「痛苦」、「悲傷」時，能思考事件之於自己的積極意義，那麼情緒就不會馬上被現實所吞噬，反而能被正面的思考所牽引，變得更平和、更快樂，更能勇敢直前。

客觀看待身邊人事物與自己的差別

很多衝動的情緒與行為的產生，往往是因為我們不能正確的認知與對待社會上存在的各種「矛盾」、不能處理好人與人之間的關係。因此，我們要學會從多種角度、多種方法，觀察外界的人事物，明瞭自己與他人的不同。他可以成功，那是因為他願意堅持到底；他會失敗，那是因為他不像我那樣思考周到才去行動。

每個人都有其獨特的性格優點，可以產生更多的可能性，發現原來同一件事情在成功者與一般人之間，被處理、完成的方法可能完全截然不同，因他們所展現出來的成果也完全不同，如此可以讓你找到適合自己的方法去修正。

釋懷那些你無能為力的事情

無論是生活還是工作上，只要你盡全力了，無論結果是好是壞，你就應該肯定自己的努力，並設法從中擷取出下次能成功的模式。

無論對自己曾經失控的作為感到多麼地不滿，也不必為此一次次地後悔：因為過去已經過去，此時你可以決定不失控的是未來。與其你浪費不少時間反省自己昨天為什麼又覺得傷心了，不如下定決心調整好今天的心情。因為，只有立刻去彌補自己的做法才是最重要的。

失敗也要能轉換情緒

無論目標大小，都有可能遭遇失敗。我們在失敗時，更容易產生煩惱、苦悶等負面情緒。這種時候，務必不要強迫自己精神緊繃地繼續下去，不妨先將注意力轉移到其他地方，讓自己的挫折感暫時緩解一下，等到心情恢復平靜之後，再繼續努力。以下幾個方法，你可以嘗

試看看：

心情不好時，出去走走，到外面逛一逛，呼吸一下新鮮空氣，轉換氛圍，這能讓你的思路逐漸開闊，問題也更容易找到解決的方法。

閉上眼睛，暫時離開眼前讓你煩惱的事情，可以去想像那些恬靜美好的景物，例如碧綠色的湖水、金黃色的沙灘、藍天白雲等等，讓自己挫敗心情能平復下來。

將注意力轉移到你感興趣的事情上，例如看電視、看電影、讀書、運動等等，這些讓人感到輕鬆的事情能在很大程度上轉移你的注意力。不僅能有效防止不良情緒的蔓延，更能透過做自己喜歡的事來達到增強正面情緒的效果。

心機備忘錄

如果你身處在一個聊天的團體裡，要注意周遭是不是有人想要加入。此時你可以往後站一些，讓這個圈圈看起來還有空間加入。讓一個外圍的人加入，是很聰明且貼心的舉動，你能讓加入的人與其他人都對你有更好的印象。

49 用你的演技找到真正的快樂

> 「幸福與其說是用任何其他方法，不如說是用情感的這種敏感性來達到的。如果一個人具有了那種能力，他由趣味的愉快中所得到的幸福，要比由欲望的滿足中所得到的幸福更大。他從一首詩、一段推理中獲得的歡樂要比昂貴的奢侈生活所能提供的歡樂更大。」
>
> ——蘇格蘭歷史學家　大衛‧休謨（David Hume）

正向心理學的專家密哈利曾問了個答案複雜的簡單問題：「既然我們這麼富有，為何卻快樂不起來？」一般人都認為要先能滿足基本的物質需要，才能享受快樂。然而現代人相較之下已經多半更能滿足各項基本生活需要了，但卻更難找出讓自己更快樂的理由。

例如，希臘哲學家柏拉圖（Plato）成立學院的目的，便是為了研究這個課題，他的得意門生亞里斯多德（Aristotles）後來也創辦了一所書院，推廣自創的快樂理論。

當現代物質繁榮的程度不斷地向上提升時，似乎我們心情鬱卒的程度也隨之提高了。我們這一代活在地球上的人，雖比祖先富裕，但卻沒有因此活得更快樂，這又是為什麼？你有想過這個問題嗎？

心理實驗

心理學家羅伯特（Robert Soussignan）曾發表了一篇論文，主題就是假戲真作的人體機制。他先對受試者謊稱，要進行與殘障人士書寫有關的研究，因此請受試者用幾種不同的方式來咬住筆桿寫字。

有些人用嘴唇含住筆，有些人則用牙齒咬，用牙齒咬的受試者臉上會同時牽動嘴唇還有數條的顏面神經，使其看起來跟微笑的表情非常像，也就等於這些人在不自覺的狀態下做出了「笑」這個動作。寫完字之後，再讓這些受試者看一些影片，並讓他們評估影片好笑的程度。

而最後的結果竟然是，所有用牙齒咬的「微笑組」都明顯地覺得影片有趣。也就是說，即便只是做出「笑」這個動作，我們的心情也會真的跟著高興起來。

這就是情緒「假戲真做」的整個過程，先假裝自己有某種情緒產生，然後表現出與之相應的行為，以此影響之後的情緒變化。

舉例來說，如果你想當一位好母親，那麼你要做的第一件事，就是先在腦海裡勾勒出好母親該有的樣子，越仔細越好，然後，就開始扮演這個角色。

你不用擔心自己是否是個當母親的料，因為這答案可能所有的母親一開始都不知道，先努力去「演」就對了。只要用心地去扮演，很快地，你就會發現你真的成了孩子心中的好母親了，因為你認為的好母親定義通常會是：「陪孩子玩」、「照顧孩子」、「跟孩子聊心事」等陪伴孩子的過程，那麼你當然會努力去達成你的好母親規則。

所以，在你覺得不快樂的時候，不妨來「偽裝」一下，只要裝得夠像，也就能「假戲真做」地讓心情好了起來。

原理分析

在人們的印象當中，一個人的行為往往是由他的情緒所主導。例如，悲傷時會流淚；快樂時會笑；恐懼時會顫抖。但是根據心理學家的研究，他們發現情緒並不完全是如此，他們也得出了一種截然不同的邏輯，那就是人們的行為可以引發情緒進一步的變化。

例如，**人們在笑的時候，會覺得更快樂；在哭的時候，會覺得更難過；在顫抖時，又更能感受到恐懼。也就是說，我們會因為情緒的變化而「引發行為」，也可以經由改變行為而「改變情緒」。**

一般雖然都會認為，得先看到或想到一件好笑的事情，才會大笑得出來。但是心理學家告訴我們，就算沒有特別值得開心的事情，只要你先大笑，那麼你的大腦裡也會反過來產生愉悅的情緒，也就是讓你真的感到開心。也就是說，你可以靠著「以假亂真」來產生心情上真正的快樂。

美國的溝通大師卡內基也曾說：「如果你『假裝』對工作有興趣，那麼這種態度往往會讓你假戲真做。而且這種『假裝』的態度還能減少你的緊張、疲勞和憂慮。」這就是「由假轉真」的轉變。這種假戲真做也的確在現實中得到了印證，使人們透過它的暗示而改變了自己的情緒。

🔍 學會讓自己更快樂的方法

哈佛大學的班夏哈教授（Tal Ben-Shahar）教導人們學會讓自己更快樂的方法，例如他說：（一）學會成功前，先學會失敗（二）慢慢減少該做的事，多換一點時間做你自己想做的事（三）善用眼前的快樂資源，讓

快樂能良性循環。若快樂是你一生追尋的最高目標，那麼不妨參照此方法嘗試看看吧！

簡單生活、好身體能帶給你幸福感受

如果沒有了健康，那麼那些排在健康之後的財富、美貌、成就等都會是毫無價值的，不具有任何意義。記住，善待人生，就要從善待身體開始。最豐富多樣的，不一定就是最好的。

生活也是如此，簡單的生活能帶給你幸福的感受，那些鎮日穿梭在各種應酬中的人們，不妨試著簡化生活，陪家人聊聊天、和朋友喝喝茶、聽聽音樂、看看一直沒有時間讀的書，體會在簡單生活中的純粹幸福味道。

簡化生活，並不是就是要你轉向平淡無味，而是期望你及時「清理」自己的生活，「體會」生活的美妙之處。若你能少了一分追名逐利的心思，就能多一分淡然處之的從容。而健康，永遠是你的人生之首。

要求自己進入角色的情緒

演員在詮釋一個角色時，往往會先揣摩角色的心理和個性上的特徵，感受故事中角色一連串的情緒變化，在經過一定的準備之後，再投入演出。

如果這種事前準備做得好，那麼演出效果往往就會不錯。這原因就在於，演員們事先要求自己進入了角色的情緒，並感受故事的氛圍，讓自己在還沒有表演之前就先進入了一種情感狀態。

這種方式很值得我們學習。如果現實讓你情緒低落，那麼你不妨想想自己快樂時的樣子，讓自己想起快樂時的感受，或是看看以前拍下的那

些有笑容的照片，使自己置身於快樂的「狀況」之下。

之後再循著這種快樂的感覺，去表達自己現在有多快樂，並持續去做。漸漸地，你會發現原來的那些負面情緒消失了，取而代之的是一種失而復得的快樂。

專注於主題為快樂的這場演出

有一句名言「脫俗成名，超凡入聖」，意思是說，想成為一個很會做人的人，並不是要懂得什麼高深的大道理，只要能擺脫世俗的利欲就可躋身名流；想追求很高深的學問，也不需要特殊的秘訣，只要能排除外界干擾與雜念，就可超凡入聖。

在此，我們借鑒的正是這樣的態度。排除一切的雜念困擾，將自己原有的情緒一併忘記，目的在於更直率地表達快樂，以達到假以亂真，假戲真做的效果。

對於情緒「假戲真做」的道理，有些人早有耳聞，並能加以運用，但是成效並不好，而這一部分原因就在於他們被自身雜念所困擾，不能完全投入一種「表演」狀態。他們總是一邊想著自己很快樂，心底卻有另一種聲音對自己說：「其實我一點都不快樂，我只是在『假裝』」。

若你想讓情緒真正達到「假戲真做」的效果，就要在這個過程當中摒棄雜念，專注於這場「演出」，讓自己完全投入其中。

你得相信，你可以成為想成為的那個人

我們每個人都有人生目標，也或多或少有著追尋的楷模形象，很多時候，我們也會把這個崇拜的對象當做自己努力的目標，以此來激勵自己，使自己能更努力地達到與他一樣的成就。

但是誰都不能保證人生不會遇到挫折或不幸，也不敢保證自己在這些挫折面前不會頹廢或是情緒低落。這種時候，我們就要學會自我調節，以此來調整自己的情緒和意志力，使自信心得以恢復。

在進行情緒調節時，要經常提醒自己：「我可以成為想成為的那個人！」若為了達到那個人的成就就得繼續努力，這樣就可以很好地激勵自己。

如果是敬佩的那個人，他會怎麼做？

當你面對到現實的挫折和打擊，感到傷心或痛苦的時候，不妨多問問，如果你想要成為的那個人碰到現在和你相同的狀況，他又會怎麼做？他會放棄嗎？他會沮喪嗎？很顯然他的成功證明了他會有自己的方法。那麼你為什麼還要因受挫而一蹶不起呢？當你想到這裡的時候，就能較快地從陰影中走出來。

心機備忘錄

提高說服力的說話方式有兩種，一是將想表達的重點擺在最後，先將話題慢慢炒熱，最後再進入高潮，如此可讓對方留下深刻印象；二是如果對方顯得興趣缺缺，你就開門見山地先說重點一開始就先引起對方興趣，然後一口氣說完。

參 考 資 料

· Hayashi Tatsunori。心理防衛機轉。2009年7月4日。
  取自：http://www.angelfire.com/hi/hayashi/defense_mechanism.
  html

· 陳億貞譯（2004）。普通心理學（Robert J. Sternberg原著）。
  台北市：雙葉書局。

· 楊淳斐（2000）。一般常見的自我防衛機制。2009年7月24日。
  取自：台灣心理諮詢諮商網-心理教學園地教學網http://www.
  heart.net.tw/mind/defense.shtml

· 卓良珍。什麼是心理防衛機轉。 2009年7月24日。
  取自：http://www.ohayoo.com.tw/名醫堂.htm-精神科卓良珍醫
  師網頁　http://www.ohayoo.com.tw/chang11.htm

· 石井裕之。暗黑冷讀術：成功者默默在使用的掌握人心法則。世
  茂。

· 林建平／著。輔導原理與技術，1993年初版，頁252-255。五南
  圖書出版有限公司。

· 彭駕騂／著。諮商與輔導Q&A，1997年初版，頁292-293。風
  雲論壇出版社有限公司。

· 台灣WIKI。取自：http://www.twwiki.com/category.html

· 心理學知識特快。取自：http://td026544.pixnet.net/blog

· MBA智庫百科。取自：http://wiki.mbalib.com/wiki/Portal:%E
  7%AE%A1%E7%90%86

國家圖書館出版品預行編目資料

早知道這樣耍心機：好懂易用的心理技巧 / 葉禾茗
著. -- 初版. -- 新北市中和區：創見文化, 2015.5
　面；公分 (成功良品；81)
ISBN 978-986-271-589-5 (平裝)

1.應用心理學　　2.成功法

177　　　　　　　　　　　　104001707

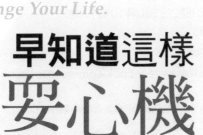

The Mental Tricks
That Will
Change Your Life.

早知道這樣
耍心機
好懂易用的心理技巧

成功良品 81

早知道這樣耍心機～好懂易用的心理技巧

創見文化 · 智慧的銳眼

本書採減碳印製流程
並使用優質中性紙
（Acid & Alkali Free）
最符環保需求。

作者／葉禾茗
總編輯／歐綾纖
文字編輯／馬加玲
美術設計／蔡億盈

郵撥帳號／50017206 采舍國際有限公司（郵撥購買，請另付一成郵資）
台灣出版中心／新北市中和區中山路2段366巷10號10樓
電話／（02）2248-7896　　　　　　傳真／（02）2248-7758
ISBN／978-986-271-589-5
出版日期／2015年5月

全球華文市場總代理／采舍國際有限公司
地址／新北市中和區中山路2段366巷10號3樓
電話／（02）8245-8786　　　　　　傳真／（02）8245-8718

全系列書系特約展示
新絲路網路書店
地址／新北市中和區中山路2段366巷10號10樓
電話／（02）8245-9896
網址／www.silkbook.com

創見文化 **facebook** https://www.facebook.com/successbooks

本書於兩岸之行銷（營銷）活動悉由采舍國際公司圖書行銷部規畫執行。

線上總代理 ■ 全球華文聯合出版平台 www.book4u.com.tw
主題討論區 ■ http://www.silkbook.com/bookclub　　　◎ 新絲路讀書會
紙本書平台 ■ http://www.silkbook.com　　　　　　　◎ 新絲路網路書店
電子書平台 ■ http://www.book4u.com.tw　　　　　　◎ 華文電子書中心

B 華文自資出版平台
www.book4u.com.tw
elsa@mail.book4u.com.tw
ying0952@mail.book4u.com.tw
全球最大的華文自費出版集團
專業客製化自助出版 · 發行通路全國最強！

創見文化，智慧的銳眼
www.book4u.com.tw　　www.silkbook.com